Edith Krispien · Ein Wunder läuft durch die Zeit

Edith Krispien

Ein Wunder läuft durch die Zeit

Das Pyramidenprinzip
in der Offenbarung

Eine Bibelarbeit

Adresse der Autorin

Edith Krispien
Hochstraße 39
60313 Frankfurt

Telefon 069/294137
E-Mail: *edith.krispien@t-online.de*

Bibliographische Information der Deutschen Bibliothek

Die Deutsche Bibliothek verzeichnet diese Publikation in der Deutschen Nationalbibliographie; detaillierte bibliographische Daten sind im Internet über <http://dnb.ddb.de> abrufbar.

Januar 2005
Buch&media GmbH, München
© 2005 Edith Krispien
Umschlaggestaltung: Kay Fretwurst, Spreeau
Herstellung: Books on Demand GmbH, Norderstedt
Printed in Germany
ISBN 3-86520-039-7

INHALT

VORWORT
Der erste Brief an die Leser........................ 9

DIE SIEBEN SENDSCHREIBEN AN DIE ENGEL
In der Offenbarung Christi an Johannes (Kapitel 1–13)... 11
   Die Einleitung zur gesamten Offenbarung (Kapitel 1, 1–3)
   Brief und Selbstzeugnis von Johannes an die Gemeinden
   (Kapitel 1, 4–8)
   Einleitung für die sieben Sendschreiben (Kapitel 1, 9–20)
   Die sieben Sendschreiben (Kapitel 2–3)

DER THRON GOTTES UND SEINE UMGEBUNG
(Kapitel 4).. 41

DIE SIEBEN SIEGEL
(Kapitel 5–8,1).................................... 46
   Die ersten sechs Siegel (Kapitel 5–6)
   Erstes Zwischenstück: Die Bezeichnung der aus Israel
   Erwählten mit dem göttlichen Siegel (Kapitel 7, 1–8)
   Zweites Zwischenstück: Die unzählbare Schar der
   Märtyrer aus allen Völkern (Kapitel 7, 9–17)
   Die Eröffnung des siebenten Siegels (Kapitel 8,1)

DIE SIEBEN POSAUNEN
(Kapitel 8–11).................................... 61
   Einleitung (Kapitel 8, 2–6)
   Erste bis sechste Posaune (Kapitel 8,7 – 9,1–21)
   Erstes Zwischenstück: Johannes muss ein Büchlein
   verschlingen (Kapitel 10)

Zweites Zwischenstück: Die letzten Schicksale der
heiligen Stadt und des Tempels (Kapitel 11)

Das Erschallen der siebenten Posaune (Kapitel 11, 15–19)

Die Heiligen und ihre Feinde
(Kapitel 12–13) 87

Das Weib, ihr neu geborenes Kind und der Drache
(Kapitel 12)

Die zwei Tiere: Das Tier mit sieben Köpfen und zehn
Hörnern (Kapitel 13, 1–10)

Das Tier mit zwei Hörnern (Kapitel 13, 11–18)

Die Ernte und die Weinlese
Aufstieg der vollendeten Seelen von der Erde (Kapitel 14) . 99

Das Lamm und die Seinen auf dem Berg Zion
(Kapitel 14, 1–5)

Die drei warnenden Engel (Kapitel 14, 6–13)

Die ernte und die Weinlese (Kapitel 14, 14–20)

Die sieben Zornschalen
(Kapitel 15–16) 103

Einleitung zu den sieben Zornschalen (Kapitel 15)

Die Ausgießung der sieben Zornschalen (Kapitel 16)

Die Endzeit
(Kapitel 17–20) 115

Das große Babylon und das erste Tier (Kapitel 17)

Der Untergang des großen Babylon (Kapitel 18)

Frohlocken im Himmel über den Fall Babylons
(Kapitel 19, 1–10)

Christus besiegt mit seinen Heerscharen die beiden
Tiere und ihr Heer (Kapitel 19, 11–21)

Das tausendjährige Friedensreich auf Erden
(Kapitel 20, 1–6)

Der letzte Ansturm und die Vernichtung des Satans
und seiner Scharen (Kapitel 20, 7–15)

DAS HIMMLISCHE ABSCHLUSSFEST
(Kapitel 21–22) 133
   Das neue Jerusalem (Kapitel 21)
   Schlussermahnungen. Das baldige Kommen Jesu
   (Kapitel 22)

ZWISCHENBERICHT
Der zweite Brief an die Leser 142

DAS PYRAMIDENPRINZIP IN DER BIBEL 144
   Die vier großen Propheten: Jesaja, Jeremia, Hesekiel, Daniel
   Die vier Evangelien: Matthäus, Markus, Lukas, Johannes
   Die vier Wesen im Thron Gottes
   Die vier Siebenheiten: sieben Sendschreiben, sieben Siegel,
   sieben Posaunen, sieben Zornschalen

SIEBEN STUFEN ABWÄRTS
Die Karriere der Dämonen 159

DIE ENTSTEHUNG DES GLAUBENS
Durch Information, durch eigenes Erkennen,
durch Offenbarung 177

SCHLUSSWORT
Der dritte Brief an die Leser 188

ZUSCHRIFTEN
aus dem Kreis der Seminarteilnehmer 190

Vorwort

Der erste Brief an die Leser

Liebe Freunde,

die nachfolgenden Texte waren im Anfang die Grundlagen für meine Bibelseminare, die ich über lange Zeit gemeinsam mit meinen Teilnehmern an schönen Orten miteinander erlebt hatte. Aber die Bibel ist nun mal ein unerschöpflicher Brunnen und je mehr man sich damit beschäftigt, desto gewaltiger wird das Bild der Schöpfung, welches sich uns eröffnet.

Am Ende unserer Treffen wurde ich von den Teilnehmern immer wieder gebeten, alles doch noch einmal aufzuschreiben, damit sie es nachlesen und auch weitergeben könnten. Nun wird es also Zeit, alles zusammenzufassen und entsprechend zu ergänzen, was auch mir immer wieder eine Freude ist und wobei sich immer wieder neue Entdeckungen einstellen. Ich hoffe dadurch neue Freunde zu gewinnen aus dem Kreis meiner Leser, und vor allem hoffe ich, Menschen auf dem schmalen Weg zu Gott ein Stück begleiten zu dürfen. Für mich habe ich den Weg zu Gott an der Hand von Christus erwählt. Jedoch auch der Weg mit Buddha findet indirekt im Text seine Erwähnung (Offenbarung 11, die beiden Ölbäume).

Ich bedanke mich bei allen von euch, die an den Seminaren teilgenommen haben. Unsere gemeinsamen Erlebnisse während dieser Arbeit haben uns nicht nur tiefe Freundschaften untereinander geschenkt, sondern vor allem auch unseren Glauben gefestigt und ein unvergleichliches Licht und eine große Kraft in unser Leben gebracht. Unsere geistige Familie ist jedoch noch viel größer. Damit befasst sich der Text der Offenbarung an Johannes ausführlich.

Die Zeit geht weit über uns hinaus. Die Bibel wird weitergereicht, denn sie ist unsterblich. Unsere Freunde in der Zukunft werden ihre eigene Arbeit mit ihr tun müssen. Vielleicht können wir ihnen ein wenig dabei helfen oder sie zumindest grüßen als Mitglieder der großen Familie aus der Menschheit vom Planeten

Erde, die sich bei dem himmlischen Abschlussfest zum Jubeln und Feiern zusammenfinden wird (Offenbarung 21-22).

Ich danke euch allen für eure Mitarbeit, in Vergangenheit oder Zukunft – und ich grüße euch herzlich

Eure
Edith Krispien

DIE SIEBEN SENDSCHREIBEN AN DIE ENGEL

IN DER OFFENBARUNG CHRISTI AN JOHANNES KAPITEL 1 BIS 3

Die Einleitung zur gesamten Offenbarung (Kapitel 1, 1–3)

> Offenbarung Jesu Christi, die ihm Gott gegeben hat, seinen Knechten zu zeigen, was in Bälde geschehen soll. Und er hat es durch Sendung seines Engels seinem Knecht Johannes kundgetan, der das Wort Gottes und das Zeugnis Jesu bezeugt, alles, was er gesehen hat. Selig der, welcher vorliest, und die, welche hören und die Worte der Weissagung und bewahren, was in ihr geschrieben steht, denn die Zeit ist nahe.

Diese Einleitung, Vers 1–3, stellt einen verbreiteten Irrtum richtig: Nämlich dass nicht Johannes der Offenbarer und Schöpfer des Textes ist, sondern Gott und in seinem Auftrag Christus. Johannes selbst ist der Empfänger der Offenbarung, sozusagen der Sekretär Gottes für dieses krönende Abschlussbuch der ganzen Bibel. Die gesamte Bibel ist jedoch eine untrennbare Einheit und für die Gläubigen das inspirierte Wort Gottes, gesammelt von Propheten und Gottesknechten über Jahrtausende.

Brief und Selbstzeugnis von Johannes an die Gemeinden (Vers 4–8)

> Johannes an die sieben Gemeinden in Asia: Gnade sei mit euch und Friede von dem, der ist und der war und der kommt, und von den sieben Geistern, die vor seinem Thron sind, und von Jesus Christus, dem treuen Zeugen, dem Erstgebornen der Toten und dem Herrscher über die Könige der Erde. Dem, der uns liebt und uns durch sein Blut von unsern Sünden erlöst hat und uns zu einem König-

reich, zu Priestern für Gott, seinen Vater, gemacht hat, ihm gebührt der Ruhm und die Kraft in alle Ewigkeit. Amen. Siehe, er kommt mit den Wolken, und sehen wird ihn jedes Auge, auch die, welche ihn durchbohrt haben, und wehklagen werden seinetwegen alle Geschlechter der Erde. Ja, Amen. Ich bin das A und das O, sagt Gott der Herr, der ist und der war und der kommt, der Allmächtige.

Was für eine Grußadresse! Sie umfasst alle Menschen auf der Erde, dann die gläubigen Nachfolger Christi, aber auch ihre Verfolger durch alle Zeiten hindurch. Und der Empfänger der Offenbarung gibt Gott die Ehre. Nun geht der Text weiter mit der Einleitung für die sieben Sendschreiben: (Kapitel 1, 9–20)

Ich, Johannes, euer Bruder und Mitgenosse in der Trübsal und der Königsherrschaft und dem Ausharren bei Jesus, kam auf die Insel, die Patmos heißt, um des Wortes Gottes willen.
Ich geriet am Tage des Herrn in Verzückung und hörte hinter mir eine starke Stimme wie von einer Posaune, die sprach: Was du siehst, das schreibe in ein Buch und sende es den sieben Gemeinden, nach Ephesus und nach Smyrna und nach Pergamos und nach Thyatira und nach Sardes und nach Philadelphia und nach Laodizea.
Und ich wandte mich um, die Stimme zu sehen, die mit mir redete. Und als ich mich umwandte, sah ich sieben goldene Leuchter und inmitten der sieben Leuchter einen, der einem Menschensohn ähnlich war, bekleidet mit einem Gewand, das bis auf die Füße reichte, und die Brust umgürtet mit einem goldenen Gürtel; sein Haupt aber und seine Haare waren weiß wie Wolle, wie Schnee, und seine Augen wie eine Feuerflamme, gleich schimmerndem Erz wie aus einem feurigen Ofen, und seine Stimme wie das Rauschen vieler Wasser. Und er hatte in seiner rechten Hand sieben Sterne, und aus seinem Munde ging ein zweischneidiges scharfes Schwert hervor, und sein Angesicht war, wie die Sonne leuchtet in ihrer Kraft.
Und als ich ihn sah, sank ich wie tot ihm zu Füßen. Und er legte seine rechte Hand auf mich und sprach: Fürchte dich

nicht! Ich bin der Erste und der Letzte und der Lebendige, und ich war tot, und siehe, ich bin lebendig in alle Ewigkeit und habe die Schlüssel des Todes und des Totenreiches. Schreibe nun, was du gesehen hast und was es bedeutet und was nachher geschehen soll, das Geheimnis der sieben Sterne, die du auf meiner Rechten gesehen hast, nebst den sieben goldenen Leuchtern:
Die sieben Sterne sind die Engel der sieben Gemeinden, und die sieben Leuchter sind die sieben Gemeinden.

Nach der Grußadresse an alle zukünftigen Hörer und Leser in naher und ferner Zeit gibt Johannes ein kurzes Selbstzeugnis. *Bruder und Mitgenosse in der Trübsal...* Er war der Jünger, der als Einziger bis unter das Kreuz ging, während die anderen geflohen waren. Und im Abschluss des Johannes-Evangeliums sagte Jesus zu Petrus (Johannes 21, 22–23) *...wenn ich will, dass er bleibt, bis ich komme, was geht es dich an? Folge du mir nach! Da verbreitete sich die Rede unter die Brüder, dass jener Jünger nicht sterbe. Aber Jesus hatte zu ihm nicht gesagt, dass er nicht sterbe, sondern: Wenn ich will, dass er bleibt, bis ich komme, was geht es dich an?*

Die Jünger wollten immer gern wissen, wann ein Reich Gottes auf Erden beginnt. Aber Jesus gab ihnen in verdeckten Worten zu verstehen, dass sie selbst als Märtyrer sterben würden, so wie er, ausgenommen Johannes, der vor seinem Tode noch die Offenbarung empfangen würde. Hierzu noch Markus 9,1: *Und er sprach zu ihnen, wahrlich ich sage euch: Unter denen, die hier stehen, sind einige, die den Tod nicht schmecken werden, bis sie gesehen haben, dass das Reich Gottes mit Macht gekommen ist.* Und Johannes war schon alt, als er auf der Insel Patmos die Offenbarung empfing. Alle anderen Jünger waren bereits tot. Nun beginnt die

Einleitung für die sieben Sendschreiben

Da wird zunächst die Erscheinung geschildert, die Johannes sieht. Er selbst, der zärtlich vertraute Jünger zu Lebzeiten Jesus

(Joh. 21,20), der seinen Kopf an seine Schulter lehnte und der ebenfalls zu den drei Auserwählten gehörte, denen sich Jesus in der Verklärung gezeigt hatte (Markus 9,2): *...und nach sechs Tagen nimmt Jesus den Petrus, den Jakobus und den Johannes mit sich und führt sie abseits allein auf einen hohen Berg. Und er wurde vor ihnen verwandelt und seine Kleider wurden ganz weißglänzend.* Da sollte man meinen, dass er Jesus schon sehr gut kannte. Auch in der Verklärung war Jesus immer noch eine liebliche Erscheinung, die keine Furcht einflößte. Und doch, als Johannes jetzt als alter Veteran ihn in der himmlischen Erscheinung sieht – fällt er wie tot zu seinen Füßen. Und er muss beruhigt werden mit den Worten: »*Fürchte dich nicht!*« Jetzt hat er ihn zum ersten Mal wirklich gesehen als Christus, der in Ewigkeit lebt.

Die Erscheinung wird mit einigen Details geschildert, die alle bei den kommenden Sendschreiben an die Engel wieder auftauchen, jeweils ein Zeichen zu einem Sendschreiben. Wir werden es wiedererkennen.

Wichtig im Text dieser Einleitung zu den Sendschreiben ist noch am Schluss der Hinweis, was die Leuchter und die Sterne bedeuten. Ein sehr seltener Fall in der Bibel, dass uns bei einem verschlüsselten Text die Bedeutung mit dazu gegeben wird. Für diese Hilfe dürfen wir sehr dankbar sein, denn so lernen wir gleich am Anfang die Notwendigkeit, Symbole und Vergleichbilder richtig zu betrachten und auszulegen. Die Sterne sind also die Engel der Gemeinden und die Leuchter sind die Gemeinden.

Jedes einzelne Sendschreiben geht an den Engel einer Gemeinde. Der Name hat in seinem wörtlichen Inhalt (der sich auf irdische Orte bezieht) stets auch eine symbolische Bedeutung. Der Engel ist hier der betreuende Klassenlehrer aller Menschen auf der ganzen Erde, auf die diese entsprechende Stufe zutrifft. Der Engel ist dafür verantwortlich, dass alle Schüler dieser Klasse gut ausgebildet werden, um dann – wie auf unseren Schulen – in die nächste Klasse aufzusteigen. Die Steigerungen des geistigen Wachstums und der Prüfungen sind dabei sehr deutlich.

Alle Sendschreiben haben eine einheitliche Struktur: Zuerst kommt das Lob für das Geleistete, dann ein leichter Tadel für das Versäumte, was noch zu erreichen wäre innerhalb dieser Stufe, dann die Verheißung für die Belohnung und ganz am Schluss der Hinweis, dass auch die Mitglieder der Gemeinde die Botschaft hören können, falls sie dafür schon Ohren haben. Denn um sie geht es ja schließlich, der Engel ist nur der Vermittler, so lange, bis jeder Schüler selber die göttlichen Botschaften aufnehmen kann.

Das erste Sendschreiben –
an den Engel der Gemeinde in Ephesus (Blütenduft)

> Dem Engel der Gemeinde in Ephesus schreibe: dies sagt der, welcher die sieben Sterne in seiner Rechten hält, der inmitten der sieben goldenen Leuchter einhergeht: Ich weiß deine Werke und deine Arbeit und deine Ausdauer, und dass du die Bösen nicht ertragen kannst, und dass du die zur Genüge erprobt hast, die sich Apostel nennen und es nicht sind, und sie als Lügner erfunden hast; und du hast Ausdauer und hast um meines Namens willen vieles ertragen und bist nicht müde geworden.
> Aber ich habe wider dich, dass du deine erste Liebe verlassen hast. So denke nun daran, wovon du abgefallen bist, und tue Buße und tue die früheren Werke! Sonst komme ich über dich und werde deinen Leuchter von seiner Stelle stoßen, wenn du nicht Buße tust.
> Aber das hast du, dass du die Werke der Nikolaiten hassest, die ich auch hasse.
> Wer ein Ohr hat, der höre, was der Geist den Gemeinden sagt.
> Wer überwindet, dem will ich zu essen geben vom Baum des Lebens, der im Paradiese Gottes ist.

Wenn wir dieses erste Sendschreiben ganz gründlich durchgehen, werden uns die folgenden viel leichter fallen, zumal sie alle nach dem gleichen Schema aufgebaut sind. Zunächst einmal der Name *Ephesus*. Das heißt »Stadt der Düfte«. An anderer Stelle der Bibel werden Gebete sowie Gedanken der Liebe als ein »guter Geruch vor Gott« bezeichnet. Die Seelen, die in diese Stufe eintreten und damit ihren geistlichen Aufstieg beginnen, sind die duftenden Blüten zu Ephesus.

Nun die Vorstellung des Christus: Er beruft sich darauf, dass er die sieben Sterne in seiner Hand hält (welche die Engel darstellen, an welche die Sendschreiben gerichtet sind) und der zugleich selbst zwischen den goldenen Leuchtern (welche die sieben Gemeinden darstellen) einhergeht. Damit wird klar ausgedrückt, dass der Geist jeden von uns von innen erfüllt, uns also viel näher ist als etwas, was man in der Hand hält.

Jetzt kommt das Lob: *Ich weiß deine Werke...* Wir haben sie alle schon gesehen, diese Menschen in der ersten spirituellen Begeisterung. Sie sind zu erstaunlichen Leistungen fähig. Sie dienen voller Hingabe, nehmen Entbehrungen auf sich, wenden sich den Hilfsbedürftigen zu. Ob sie nun für die Bahnhofsmission Suppe kochen, ob sie in der Politik für mehr Gerechtigkeit eintreten, ob sie in andere Länder gehen, um einer Mutter Theresa zu helfen – man erkennt sie überall. Noch ein Punkt gehört zum Lob der ersten Stufe: *...dass du die Bösen nicht tragen kannst*, und auch, dass du *falsche Apostel erkennst*. Auch der Verstand muss hier seine Arbeit leisten und sich in Unterscheidungen üben. Suppe kochen allein genügt nicht. Und es gibt noch ein seltsames Lob: *...dass du die Nikolaiten hassest, die auch ich hasse.* Der Name NIKOLAUS ist in der Bedeutung identisch mit BILEAM, das heißt so viel wie Volkssieger oder Volksheld. Der eine Name ist griechisch, der andere hebräisch. Im 3. Sendschreiben zu Pergamos erfahren wir noch Näheres darüber. Bileam war eine zwielichtige Figur, ein Magier, der sich von dem moabitischen König Balak kaufen ließ, um Israel während eines Krieges zu verfluchen. Später dann tut er das Gegenteil, zum Ärger dessen, der ihn gekauft hatte. Wer also die erste Stufe erfolgreich abschließen will, muss fähig sein, solche Leute zu entlarven, die auf eine Weise schwarzweiß gestreift sind. Moralisch nicht zuverlässig. Die Nikolaiten sind Anhänger des Nikolaus. Eine Sekte in Ephesus und Pergamos, die zur Hurerei und zum Essen von Götzenopferfleisch verführte.

Nun der Tadel: *Du hast die erste Liebe verlassen!* Hier kann es sich nur um die erste Liebe zu Gott handeln, diese begeisterte Hinwendung zum Glauben, die wohl bei jedem einmal dem Alltag zum Opfer fällt. Niemand kann auf die Dauer in den Flitterwochen leben, auch im geistigen Leben nicht. Da gibt es nur eines: Von vorn anfangen. *Tue Buße und tue die früheren Werke. Sonst wird der Leuchter von seiner Stelle gestoßen.* Eine ernst zu nehmende Drohung. Man kann also eine bereits erworbene geistige Stufe wieder verlieren. Das bedeutet ein Zurückfallen in den ersten Vorhof oder sogar noch weiter zurück, bis man sich an diese erste Liebe zu Gott kaum noch erinnern kann. Deshalb erfolgt hier der einzig richtige Rat: Fang von vorn an. Gib nicht auf! Denn am Ende der Stufe wartet eine große Belohnung: Der Apfel vom Baum des Lebens, der im Paradiese Gottes steht. Dabei ist zu bedenken, dass Paradiese noch nicht die himmlischen Welten sind!

Erinnern wir uns an Adam und Eva. Sie wurden nach dem Genuss des anderen Apfels vom Baum der Erkenntnis von Gut und Böse aus dem Paradies vertrieben.

Die Mitglieder der Gemeinde des Christus zu Ephesus haben diese zweite Frucht völlig kennen gelernt, bei der langen Reise durch die Erfahrungen des irdischen Lebens. Sie haben zu unterscheiden gelernt. Kein falscher Prophet kann ihnen so leicht noch etwas vormachen.

Die erste Frucht jedoch ist am Ende der Reise die Verheißung für äonisches Leben. Die dürfen sie jetzt wieder haben. Bei der Austreibung jedoch mussten ihnen die Engel den Weg zum Baum des Lebens versperren. Hier schließt sich der Kreis mit der Offenbarung. Wer hier ankommt, erhält nun auch die erste Frucht, zusammen mit der zweiten. Ein hoher Lohn für die jungen Gläubigen nach dem Bestehen ihrer Bewährungsproben. (1. Mose 3, Vers 22: *Und Gott der Herr sprach: Siehe, der Mensch ist geworden wie unsereiner, dass er weiß, was gut und böse ist. Nun aber, dass er nur nicht seine Hand ausstrecke, und auch von dem Baum des Lebens breche und ewig lebe.*) In diesem frühen Zustand der Erkenntnis von gut und böse beginnt ja die lange Reise erst und die Reifung der Menschenseelen bis zur Heiligkeit.

Auch die zukünftige Weltordnung, die von dem Propheten Jesaja im Kapitel 65 beschrieben wird, wird ihnen verheißen. Aber das kann ja noch lange dauern. Unabhängig davon bleibt der Aufstieg in die Paradiese nach dem Tod auf Erden. Das ist nicht unbedingt selbstverständlich, wie wir später noch in den sieben Siegeln erfahren werden. Und die himmlischen Welten sind es auch noch nicht, sonst wären die sieben Stufen ja auf der ersten Stufe schon zu Ende. Die Paradiese gehören zum zweiten Schöpfungstag, zur Astralwelt, in der die Seelen erschaffen werden. Der Anfang der Paradieslegende macht es ganz klar, dass zu dieser Zeit *auf der Erde noch kein Wasser und keine Pflanzenwelt* existierte, denn die beginnt erst mit dem dritten Schöpfungstag. Und Adam und Eva hatten äonische Unsterblichkeit. Erst als sie sich nach der Erkenntnis von Gut und Böse ausstreckten, mussten sie durch die Sterblichkeit der Erdenmenschen gehen.

Vor dem Hinweis auf die Belohnung steht jedoch noch der wichtige Satz: *Wer ein Ohr hat, der höre, was* der Geist *den Gemeinden* sagt. Das Sendschreiben geht ja an den Engel, der die Menschen in dieser Stufe betreut. Aber hier und da kann schon ein Mitglied der Gemeinde das Gesagte verstehen. Schließlich geht der Christus zwischen den goldenen Leuchtern einher. Oder sagen wir: Der Geist steigt in jedem auf und nieder, als Atem zwischen Himmel und Erde. (Für Esoteriker: durch alle sieben Chakren, »astrale Organe« in der Wirbelsäule.) Aber die geistliche Entwicklung geht noch viel weiter. Sie fängt jetzt erst richtig an.

Das zweite Sendschreiben –
an den Engel der Gemeinde in Smyrna (Myrrhe, das Bitterkraut zur Beilage bei Opfern)

> Und dem Engel der Gemeinde in Smyrna schreibe: Dies sagt der Erste und der Letzte, der tot war und wieder lebendig geworden ist: Ich weiß deine Trübsal und deine

Armut – du aber bist reich! – Und die Lästerung von Seiten derer, die sich Juden nennen und es nicht sind, sondern eine Synagoge des Satans. Fürchte nichts, was du leiden wirst! Siehe, der Teufel wird einige von euch ins Gefängnis bringen, dass Ihr versucht werdet, und Ihr werdet Trübsal haben zehn Tage lang.
Sei getreu bis in den Tod, und ich will dir die Krone des Lebens geben! Wer überwindet, dem soll durch den zweiten Tod kein Leid geschehen.

Eine sehr harte Stufe. Angst vor Folter und schmerzvollen Todesarten sollen hier überwunden werden. Zunächst der Name Smyrna: Das heißt Myrrhe, Weihrauch. Dabei handelt es sich um das Bitterkraut, welches bei Schlachtopfern beigegeben und mit verbrannt wurde. En Duft anderer Art und ein weißer Rauch. Christus beruft sich auf dieser Stufe auf seinen eigenen Opfertod und auf seine Auferstehung.

Die Lästerung von Juden, die es nicht sind, sondern eine Synagoge des Satans. Wie auf der ersten Stufe geht es hier um die Unterscheidung der echten Lehrer von den falschen. Dann kommt die Verfolgung der Mitglieder der Gemeinde hinzu. *Einige* werden ins Gefängnis kommen – eine wichtige Ungenauigkeit. Nicht jeder muss als Märtyrer sterben, aber jeder kann die Ängste durchleben, die mit der Verfolgung verbunden sind. Trübsal zehn Tage lang – die Zahl zehn steht in der Bibel immer für Opfer: den Zehnten opfern, zehn Gebote halten.

Der Lohn bezieht sich hier klar auf diejenigen, die bei der Verfolgung ihr Leben lassen müssen. *Sei getreu bis in den Tod, so will ich dir die Krone des Lebens geben.* Eine Krone ist ein Abschluss, in diesem Fall womöglich von der langen Kette vieler Inkarnationen. Dazu passt auch der Hinweis, dass es keinen zweiten Tod mehr geben wird. Selbst wenn wir davon ausgehen, dass ein Mensch alle sieben Stufen bis zur Vollendung in einem einzigen Leben durchlaufen kann, bleibt doch der Hinweis auf den Tod. Die erste Möglichkeit ist eine Reinkarnation, die gerade für die jungen Eiferer eine besondere Gefahr wäre. Sie könnten so noch einmal als Märtyrer sterben und das lässt

Gott nicht zu. Sie dürfen ihr Leben abschließen und im Himmel bei Gott bleiben (siehe 5. Siegel). Aber dort müssen sie noch an ihrer Vollendung arbeiten, denn sie sind ja durch ihren Tod zu früh hinauf gekommen.

Es gibt aber noch einen *zweiten Tod*. Wir finden ihn in der Offenbarung 21, Vers 8: *den Feuersee*. Hier werden die satanischen Seelen aufgelöst. Es ist deshalb sehr unwahrscheinlich, dass für die Märtyrer der Stufe Smyrna dieser zweite Tod gemeint ist.

Und noch eine dritte Möglichkeit: Offenbarung 20. Das ganze Kapitel bezieht sich auf ein Friedensreich auf Erden für tausend Jahre, wobei die Zahl tausend in der Bibel oft für Äonen oder weitgehend unendlich steht. Darauf bezieht sich auch ganz klar das Kapitel Jesaja 65: *Denn siehe, ich schaffe einen neuen Himmel und eine neue Erde; denn wie das Alter des Baumes soll das Alter meines Volkes sein...* Das Alter des Baumes kann man ganz wörtlich auf tausend Jahre ansetzen. Die frühere Naturordnung – 1. Mose, Kapitel 5 – die Ahnentafel mit Methusalah, dessen Gesamtlebenszeit 969 Jahre betrug, endet erst mit Noah. Er selbst wird noch 950 Jahre alt, aber die neue Naturordnung hat für alle Menschen eine Lebenszeit von maximal 120 Jahren (1. Mose, 6, Vers 3). Das Absinken des Alters von 1000 auf 120 dauert rund 350 Jahre.

Es gibt noch viele Menschen, die sich nach einem Leben in den himmlischen Welten gar nicht sehnen. Auch dies ist eine Frage ihrer Bewusstseinsstufe. Sie sind auf irdisches Leben im Körper fixiert. Und sie sollen es ja bekommen. Das erfordert zunächst einmal den Beginn dieses goldenen Zeitalters auf Erden und dann eine Geburt in diesem Zeitalter, in dem auch die satanischen Wesen bis zum Ende dieser Zeit nicht wirken dürfen (Offb. 20, 2–3). In Vers 5 des gleichen Kapitels wird klar gesagt, dass nicht alle Toten sich hier inkarnieren dürfen: *Die übrigen Toten wurden nicht wieder lebendig, bis die tausend Jahre vollendet waren. Dies ist die erste Auferstehung. Selig und heilig, wer teilhat an der ersten Auferstehung. Über diese hat der zweite Tod keine Macht, sondern sie werden Priester Gottes und Christi sein und mit ihm herrschen tausend Jahre.*

Nun zurück zu unserem Sendschreiben zu Smyrna. Wer sich also in dieses Reich Gottes und Christi auf Erden inkarniert, und Heilige und Selige dürfen das, wird am Ende seines Lebens, welches dem Alter eines Baumes entspricht wie bei Methusalah, dennoch sterben müssen. Aber für diese Personen müssen wir den letzen Satz aus dem Sendschreiben anders betonen: *Wer überwindet, dem soll durch den zweiten Tod kein Leid geschehen.* Nach einem so langen Leben auf Erden kann man durchaus auch sterben, ohne zu leiden. Ein Beispiel hierfür gibt uns die Bibel durch Hiob (Hiob 42, Vers 16): *Darnach lebte Hiob noch 140 Jahre, und er sah seine Kinder und Kindeskinder vier Geschlechter. Und Hiob starb alt und lebenssatt.*

Das dritte Sendschreiben –
an den Engel der Gemeinde in Pergamus (Hochburg)

Und dem Engel der Gemeinde in Pergamus schreibe: Dies sagt der, welcher das zweischneidige Schwert hat: Ich weiß, wo du wohnst, wo der Thron des Satans ist; und du hältst meinen Namen fest und hast den Glauben an mich nicht verleugnet, in den Tagen des Antipas, meines treuen Zeugen, der bei euch getötet wurde, wo der Satan wohnt. Aber ich habe etwas weniges wider dich, dass du nämlich dort solche hast, die an der Lehre Bileams festhalten, der den Balak lehrte, den Söhnen Israels eine Falle zu stellen, so dass sie Götzenopferfleisch aßen und Unzucht trieben. So hast du auch solche, welche die Lehre der Nikolaiten in gleicher Weise festhalten. Tue also Buße, sonst komme ich schnell über dich und werde mit ihnen Krieg führen mit dem Schwert meines Mundes.
Wer ein Ohr hat, der höre, was der Geist den Gemeinden sagt: Wer überwindet, dem will ich von dem verborgenen Manna geben und will ihm einen weißen Stein geben und auf dem Stein geschrieben einen neuen Namen, den niemand kennt, als wer ihn empfängt.

Pergamus heißt Hochburg (damals eine Stadt in Mysien, die Urheimat des Pergaments). Das Bild der Burg und ihrer Vorhöfe und Innenräume entsprach den Verteidigungsanlagen der Völker über eine sehr lange Zeit. Wir stoßen deshalb in der Bibel immer wieder auf diese Vergleiche. Hier sind nun die Mitglieder der dritten Stufe, die ihre Bekehrung zu Gott und Christus und ihre Bewährung im Dienst schon hinter sich haben. Auch die Wiederbelebung ihrer abgekühlten ersten Liebe. Sie haben ferner Verfolgung erlitten und durchlebt, ohne schwach zu werden. Das Lob zum Anfang dieser Stufe nimmt auf diese Standhaftigkeit Bezug mit dem Hinweis, dass die gegenwärtige Weltordnung dämonischer Natur ist. Das erklärt auch in unserer Zeit vieles, wenn wir uns umschauen. Der Satan ist ein Geistwesen, als solches zumindest äonisch unsterblich. Hierzu der Epheserbrief 2,1–2:

> *Und euch, die ihr tot wart durch eure Übertretungen und eure Sünden, in denen ihr einst wandeltet gemäß dem Äon dieser Welt, nämlich gemäß dem Beherrscher der Macht in der Luft, des Geistes, der jetzt wirksam ist in den Söhnen des Ungehorsams.* (Wir nehmen später noch einmal Bezug darauf bei der siebenten Zornschale.)

Herodes Antipas war das zeitliche Werkzeug der satanischen Kräfte in der damaligen Zeit. Der Text ist so dicht, dass mehrere Welten ineinandergeschichtet sichtbar werden, wenn man sich nur die Zeit nimmt, diesen phantastischen Stoff geduldig zu entschlüsseln.

Jetzt der Tadel: Einige halten zur Lehre Bileams und der Nikolaiten, sie treiben Unzucht und essen Götzenopferfleisch. Luther ist hier in seiner Übersetzung drastischer: Er nennt es Hurerei und Götzenopfer, und das ist für diesen Text eigentlich klarer.

Betrachten wir doch einmal eine Hure und ihren Kunden (ohne den es ja keine Hure gäbe): Sie verkauft Liebe, obwohl das ja eine glatte Täuschung ist. Sie will etwas anderes – Geld oder Waren, die ihre Wünsche erfüllen. Der Wunsch kann ganz klar und brennend in ihrer Seele sein: ein Auto, ein Pelzmantel, eine Luxuswohnung. Das ist ihr Götze und auf diesem Altar opfert sie und räuchert sie. Dafür verkauft sie ihren Körper, der ihr nicht gehört, und heuchelt eine Liebe, die sie nicht fühlt.

Der Kunde weiß es. Er spielt das ganze Theater mit, weil er seinerseits einen Götzen hat: Den Lustgewinn mit der Hure. Dafür »isst« er ihr Götzenopfer! Dieser seltsame Handel mit Betrug auf Gegenseitigkeit ist uralt und wird weltweit praktiziert.

Wir dürfen jedoch davon ausgehen, dass die Inhaber der dritten Geistesstufe keine Probleme haben, an einem Bordell vorbeizukommen. Wir müssen das Bild also entschlüsseln und die Bedeutung der Details an unserem eigenen Wunschleben überprüfen. Vor allem aber daran, welche Preise wir zahlen, um etwas zu erreichen. Nun sieht es schon ganz anders aus, jetzt geht es nämlich um den Aufbau unserer Ethik. Ein reines, unbestechliches Gemüt entsteht durch eine lange Festigung auf dem Weg des Glaubens und die Prüfungen hören niemals auf. Sie werden nur immer feiner und versteckter.

Nehmen wir einmal einen Menschen, der eine echte Berufung in sich fühlt, auf irgendeinem Gebiet. Dann heißt es lernen und opfern, über eine lange Zeit. Wenn jedoch seine materiellen Wünsche zu stark werden oder auch Wünsche nach Ehre und Macht in ihm vorherrschen, dann wird er eine gut bezahlte Tätigkeit vorziehen und sein Ziel aus dem Auge verlieren. Dann hat er seine Lebenszeit verkauft, wie eine Hure ihren Körper, um es seinem Götzen zu opfern, vielleicht dem Erwerb eines Besitzes, der nicht unbedingt nötig war. Wer in verständlicher Abwehr sofort meint, er würde niemals Hurerei betreiben oder Götzenopfer essen, der sollte sich Zeit zu tiefem Nachdenken nehmen.

Da findet jeder in seinem Leben einen faulen Kompromiss, den er aus falschen Gründen geschlossen hat. Oft geht es auch um das Bekenntnis zur eigenen Meinung und zu dem, was man glaubt, überall im Alltagsleben. Man könnte gegen gute Bezahlung für eine Partei Wahlkampf machen und heimlich die Gegenpartei wählen. In der Welt geht das durchaus, aber vor Gott besteht es nicht. Deshalb die Warnung im Sendschreiben: *Tue Buße, sonst führe ich Krieg mit dem Schwert meines Mundes.* Also eine Belehrung durch harte Worte wird erfolgen. Auch Krankheit und andere Schicksalsschläge können hier helfen, den Menschen zurechtzurücken, der es mit seiner Ethik zu leicht nimmt.

Aber nun kommt die Belohnung für diese Stufe: *Verborgenes Manna* – das ist himmlische Ernährung! Vielleicht sogar ein persönlicher spiritueller Lehrer oder eine geistliche Erfahrung, ein Wegbegleiter auf dem langen und schmalen Pfad. Und dann gibt es hier noch etwas ganz Besonderes: Einen weißen Stein und *den neuen Namen*, den nur der Empfänger kennt! Damit ist die himmlische Persönlichkeit begründet und in den Büchern des Lebens (wie es später heißt) eingeschrieben. Dieser Name kann durch keine Autorität auf Erden verliehen werden; deshalb der wichtige Hinweis, dass nur der Empfänger diesen Namen kennt. Das ist eine Sache zwischen der einzelnen Seele und Gott, nach Vollendung der dritten Stufe.

Wir kennen damit dreierlei Namen. Zunächst der Name durch die Eltern, die uns in die Welt gesetzt haben. Es ist ihr Recht, dem Kind einen Namen zu geben. Sie suchen ihn mit Liebe und Sorgfalt aus, nach eigenem Geschmack.

Der zweite Name ist der Ordensname, falls sich der Mensch für eine Karriere als Mönch oder Priester entscheidet. Er wird durch den geistlichen Vorgesetzten verliehen und löst den Geburtsnamen ab.

Der dritte Name wird im Himmel verliehen, auf einem weißen Stein. Weiß steht wie immer für Reinheit, für ein unbeschriebenes Blatt, etwas ganz Neues. Ein Stein ist im Gegensatz zu Papier fest und dauerhaft. Der Name selbst ist ein Schwingungscode, die ganz einmalige Mischung einer spirituellen Persönlichkeit.

Vergleichen wir einmal die Namen dessen, der diese Sendschreiben diktiert hat. Zunächst der Rufname JESUS, Joshua, Jehoshua, durch die Eltern im Auftrag eines Engels gegeben. Bei einer so gewaltigen Geburt durfte nichts dem Zufall überlassen bleiben. Dann kam der zweite Name bei der Beschneidung im Tempel: IMMANUEL. Das bedeutet: *Gott mit uns*. Und schließlich der dritte nach der Auferstehung als Priester nach der Ordnung Melchisedeks (Hebräerbrief Kapitel 7): CHRISTUS.

Wer sich nun an dieser Stelle Sorgen macht, ob er den dritten Namen schon habe oder nicht – er wird es schon zur rechten Zeit erfahren. Kein Mensch kann es rituell vorwegnehmen, dazu ist er nicht befugt. Es kommt auch vor, dass jemand in seinem irdischen Bewusstsein seinen dritten Namen nicht kennt, obwohl er ihn schon längst besitzt. Manchmal wird der Name auch geträumt oder als Stimme gehört. Es ist ratsam, den Namen nicht öffentlich zu tragen, es sei denn, dass dies regelrecht befohlen wird. Der Hinweis, dass nur der Empfänger den Namen wirklich kennt, besagt wohl auch, dass man damit nicht hausieren soll. Ein kleines intimes Geheimnis wird hier zum Geschenk gemacht. Es gehört in die innere Schatzkammer. Hierzu Lukas 10,20: (70 Beauftrage kamen zu Jesus zurück und freuten sich darüber, dass sie Dämonen austreiben konnten.) Jesus sieht solche Eitelkeiten nicht so gern. Er sagt zu ihnen: *Doch nicht darüber freuet euch, dass die Geister euch untertan sind; freuet euch vielmehr, dass eure Namen in den Himmeln aufgeschrieben sind!*

Das vierte Sendschreiben –
an den Engel der Gemeinde in Thyatira (Zitadelle)

Und dem Engel der Gemeinde in Thyatira schreibe: dies sagt der Sohn Gottes, der Augen hat wie eine Feuerflamme und dessen Füße gleich schimmerndem Erz sind: Ich weiß deine Werke und deine Liebe und deinen Glauben und deinen Dienst und deine Ausdauer und deine letzten Werke, deren mehr sind als die ersten. Aber ich habe wider dich, dass du das Weib Isebel gewähren lässest, die sich eine Prophetin nennt und meine Knechte lehrt und verführt, Unzucht zu treiben und Götzenopferfleisch zu essen. Ich habe ihr Zeit gegeben, Buße zu tun durch Abwendung von ihrer Unzucht. Siehe, ich werfe sie aufs Siechbett und die, welche mit ihr ehebrechen, in große Trübsal, wenn sie nicht Buße tun von ihren Werken; und ihre Kinder will ich des Todes sterben lassen, und alle Gemeinden werden erkennen, dass ich es bin, der Nieren und Herzen erforscht; und ich will euch vergelten, einem jeden nach seinen Werken. Euch aber, den übrigen in Thyatira, allen, die sich nicht zu dieser Lehre halten, die nicht (wie sie sagen) die Tiefen des Satans erkannt haben, euch sage ich: Ich lege keine andere Last auf euch; nur haltet fest, was ihr habt, bis ich komme.
Und wer überwindet und wer bei meinen Werken bis ans Ende verharrt, dem will ich Macht über die Heiden geben, und er wird sie mit eisernem Stabe weiden (wie die irdenen

Gefäße zerschlagen werden), – wie auch ich solche Macht von meinem Vater empfangen habe –, und ich will ihm den Morgenstern geben. Wer ein Ohr hat, der höre, was der Geist den Gemeinden sagt.

Wer seinen Weg zu Gott mit Christus macht und diese vierte Stufe erreicht hat, der hat schon einen langen Weg erfolgreich hinter sich. Entsprechend fällt das Lob aus: Glauben, Dienst, Ausdauer und die Werke sind *mehr als die ersten*, aber ... *Ehebruch mit der Isebel*. Bei Luther heißt es: *Hurerei mit der Isebel*.

Bei einem symbolischen Text muss man bei Personen fragen, wofür sie stehen. Isebel lebte rund 500 Jahre vor Christus und heiratete Israels König Ahab. Sie brachte ihre Baalspriester ins Land, ließ die Gottespriester Israels töten und verführte Ahab dazu, einen Altar für Baal zu bauen. Bis schließlich Gott durch den Propheten Elia dem ein Ende setzte. Die Gottesbeziehung Israels war – einer Ehe gleich – damit gebrochen (siehe 1. Könige, Kapitel 16, 29–32).

Wenn nun eine solche Verführung einem Christusnachfolger auf der vierten Stufe passieren kann, muss es schon eine sehr schlaue und versteckte Verführung sein. Natürlich werden die Seelen der höheren Stufen für den Satan immer interessanter (wie in Goethes Faust). Nun ist der Name *Isebel* noch ein Hinweis: Er bedeutet nämlich *Die Reinheit*. Wir kennen doch das Sprichwort »der Zweck heiligt die Mittel«. Schon mancher glaubte, mit nicht ganz lauteren Mitteln eine gute Tat zu begehen. Die Reichen bestehlen und die Armen beschenken – das hört sich hübsch an, ganz nach Robin Hood. Auch Waffen werden gesegnet und angeblich »heilige Kriege« für ebenso angeblich gute Ziele geführt. Und immer noch fallen Menschen auf solche Verführungen herein. *Sie haben die Tiefen des Satans nicht erkannt*, der schließlich eine hohe Intelligenz darstellt. Mancher versucht auch einen Handel mit Gott durch Bußopfer und gute Taten, aber das entspricht immer noch nicht der Ethik dieser Stufe. Gott lässt sich nicht kaufen. Die guten Taten müssen freiwillig und ohne Hintergedanken kommen.

Wenn sich jemand bei einem Missionar bekehrt, um einen bevorzugten Platz in der Schule zu bekommen, während der Missionar seinerseits glaubt, für die gewonnene Seele einen Scheck im Himmel einlösen zu können, dann haben wir einen klassischen Fall von »Hurerei mit der Isebel und ihr Götzenopfer essen«. Der »Bekehrte« will den Platz in der Schule; der Missionar »isst« sein Götzenopfer, während er selbst mit der Reinheit ein Geschäft zu machen glaubt. Dass diese »Kinder« sterben werden, ist leicht einzusehen. Sagen wir einfach: Die Rechnung ging nicht auf. Der Bekehrte ist nicht bekehrt und der Missionar hat keinen Vorteil im Himmel.

Aber nun kommt die göttliche Gerechtigkeit dazu, die so ganz anders ist als unsere irdische, bei der Unwissenheit nicht vor Strafe schützt. Gott erforscht zunächst einmal die Herzen und Nieren. Wieder ein wunderbares Symbolbild. Das Herz ist die Blutpumpe, die Energie in den Organismus gibt. Also ein Bild für die Motivation – *warum man etwas tut*. Die Niere ist ein Ausscheidungsorgan, also das negative Gegenstück dazu: *warum man etwas nicht tut*. Um diesen Hintergrund geht es bei dem heimlichen Handel.

Und dann ist es sogar noch möglich, dass die Betreffenden *die Tiefen des Satans nicht erkannt haben*, dass ihnen also die ethische Ungenauigkeit bei ihrem Handel nicht bewusst wurde. Wenn auch ihre Rechnung niemals aufgeht, so werden sie doch nicht dafür bestraft. ...*Ich lege keine andere Last auf euch*. Dies wird bei fortschreitender Reife jeder Seele immer klarer werden; das Gewissen der Persönlichkeit verschärft sich und auch der Blick für solche Dinge.

Am Ende der vierten Stufe haben wir es mit Menschen zu tun, die im Plan Gottes für die Erziehung der Menschheit bereits einen wichtigen Platz einnehmen. Sie sind Priester und Betreuer jüngerer Seelen, mit großen Vollmachten. Eine Gefahr besteht für sie noch darin, zu Magiern zu werden, die ihre spirituellen Kräfte nach eigenem Gutdünken einsetzen, mit dem Wunsch nach Macht. Solange sie das noch tun, können sie nicht weiter aufsteigen. Deshalb heißt es in den letzten Versen des vierten Sendschreibens auch: *..wer bei meinen Werken bis ans Ende verharrt*, und das erfordert eine selbstlose Ausrichtung auf Gott und Christus.

Nun endlich bekommt der hier Angelangte seinen Lohn, der sich ganz auf seinen Dienst für andere bezieht: Die Macht, die Heiden mit eisernem Stabe zu weiden, *Gefäße zu zerschlagen* – und *den Morgenstern*.

Die Gefäße können ein Bild für jede veraltete Form sein: Weltanschauungen, Fehlverhalten im Umgang mit der Natur, Irrtümer der Wissenschaften, falscher Umgang mit den Gütern der Erde. Jeder Mensch muss auch bei sich selbst immer wieder alte Formen gegen neue eintauschen.

Ein extremer Fall von der Hurerei mit der Isebel war der Ablasshandel Tetzels zu Zeiten Luthers. Er drohte Menschen mit dem Fegefeuer und kassierte dann kräftig, indem er Ablasszettel verkaufte. Mutig und allein stand Luther dagegen auf. Er zerschlug wahrhaftig mit eisernem Stabe eine Form, die verändert werden musste. Bis zum heutigen Tage sind die Auswirkungen zu erkennen. Und immer wieder gibt es Formen, die alte ersetzen müssen. Die Menschen, die seinerzeit auf Tetzels berühmten Slogan »sobald das Geld im Kasten klingt, die Seele in den Himmel springt« hereingefallen waren, haben mit Sicherheit den Betrug dahinter nicht erkannt. Also werden sie auch nicht dafür bestraft. Sie konnten auch noch nicht die Bibel in ihrer eigenen Sprache lesen und so den Schwindel aufdecken. Das alles änderte sich seitdem.

Diejenigen in Thyatira, die diese Stufe nun vollendet haben, bekommen eine hohe Belohnung: den *Morgenstern*. Hier öffnet sich das »Stirnchakra« und der Mensch wird sehend auf eine neue Weise. Der Prophet Hesekiel sagte (43,4): *Und die Herrlichkeit des Herrn zog durch das Tor, das nach Osten gerichtet war, in das Heiligtum ein.* Der Morgenstern geht im Osten auf. Hier wird er zum inneren Licht, verbunden mit der Fähigkeit astraler Wahrnehmungen. Dazu gehört das Sehen einer Aura oder von Naturgeistern und andere Talente (wie ganz einfach Menschenkenntnis), die sich individuell ausformen. Wer diese Stufe vollendet hat, gewinnt eine andere Art von Macht, der das Überwinden von weltlichem Machtstreben vorangehen muss. Herzen und Nieren werden erforscht. Da bleibt nichts verborgen. Die unbestechliche himmlische Gerechtigkeit Gottes mag uns hier zum Trost gereichen.

Drei Stufen liegen noch vor uns bis zur höchsten Vollendung. Die schönsten Stufen – und natürlich die schwierigsten zugleich. Die Prüfungen werden immer subtiler und die Anforderungen der unteren Stufen wiederholen sich von Zeit zu Zeit. Das Leben in unserer Welt ist für keinen leicht, ganz gleich, wo er steht. Wer Thyatira wirklich bestanden hat, der muss schon eine Menge geleistet haben. Wie viel Verfolgung und Angriffe musste er ertragen? Wie unbeugsam hat er alle faulen Kompromisse abgelehnt? Wie viel Verständnis und Liebe hat er denen entgegengebracht, die seine Erkenntnisse noch nicht mit ihm teilen konnten? Wer wollte nicht verstehen, dass er sich nun nach Ruhe und Abgeschiedenheit sehnt?

**Das fünfte Sendschreiben –
an den Engel der Gemeinde in Sardes (Schutzschild)**

> Und dem Engel in Sardes schreibe: Dies sagt der, welcher die sieben Geister Gottes und die sieben Sterne hat: Ich weiß deine Werke, dass du den Namen hast, du lebest, und doch tot bist. Werde wach und stärke das Übrige, das am Sterben war, denn ich habe deine Werke nicht als vollkommen vor meinem Gott erfunden. So denke nun daran, wie du empfangen und gehört hast, und bewahre es und tue Buße! Wenn du nicht wachst, werde ich kommen wie ein Dieb, und du wirst nicht wissen, zu welcher Stunde ich über dich kommen werde.
> Aber du hast einige wenige Personen in Sardes, die ihre Kleider nicht befleckt haben, und sie werden mit mir in weißen Kleidern einhergehen, denn sie sind es wert. Wer überwindet, der wird mit weißen Kleidern angetan werden, und ich will seinen Namen nicht auslöschen aus dem Buch des Lebens und will seinen Namen bekennen vor meinem Vater und vor seinen Engeln.
> Wer ein Ohr hat, der höre, was der Geist den Gemeinden sagt.

Nun ist die Auslegung schon ganz leicht. Zuerst die Vorstellung des Christus: Hier beruft er sich auf sein Gottesbewusstsein, welches alle sieben Stufen umfasst, zugleich auf seine Autorität den sieben Engeln gegenüber, die diese sieben Stufen geistig erweckter Menschen betreuen. Als Nächstes erinnert er daran, dass die Mitglieder in Sardes *den Namen* haben. Seit der dritten Stufe (Pergamus) sind sie ja schon mit einem neuen geistigen Namen im Buch des Lebens eingeschrieben. Nun geht es um den Charakter dieser Menschen in Sardes. Es ist die typische Stufe der Mönche und Nonnen, aber auch ganz allgemein derer, die sich von der Welt zurückziehen, um mit einer letzten großen Anstrengung nach Vollendung zu streben. Sie sind meistens sehr asketisch, versagen sich weltliche Freuden, Besitz, Fleischnahrung, Sexualität. Der gesamte Buddhismus gehört weitgehend in die Stufe Sardes, jedenfalls die tief in *die Lehren Buddhas* vom *achtfachen Pfad* der Leidensvernichtung eingedrungen sind (siehe Hesekiel, Kapitel 40, 31–34, da werden *im Tor des Ostens im äußeren Vorhof 8 Stufen genannt. Der Weg mit Christus geht jedoch im Tor des Südens im inneren Vorhof über sieben Stufen.* Hesekiel 40, 26–27).

Bei den Buddhisten ist die Sehnsucht, sich vom Rad der Inkarnationen abzuschneiden, besonders groß.

Aber hier haben wir es ja mit Christus zu tun und der Christuskörper, gebildet aus Millionen Seelen, zeigt hier deutlich seine unterschiedliche Wesenheit.

…Stärke das Übrige, das am sterben war, denn ich habe deine Werke nicht für vollkommen vor meinem Gott erfunden. Also geht es noch einmal zurück in die Welt. Denn die Askese hat eine unübersehbare Gefahr: den Hochmut und den Mangel an Liebe gegenüber denen, die noch lange nicht in Sardes sind, noch nicht einmal in Ephesus. Sich selber absterben, sich mit aller Anstrengung reinigen von dem Schmutz dieser Welt – ja, aber um welchen Preis? Die wahren Heiligen zu Sardes fürchten sich vor keinem Schmutz. Sie gehen in die Elendsviertel, haben keine Angst vor Seuchen und Entbehrungen und stehen den Ärmsten in ihrem Elend bei. Ihre irdischen Kleider mögen dabei viele Flecken bekommen; aber die Kleider ihrer Seele werden weiß sein, weil sie voller Erbarmen sind. Während sie andere waschen, werden sie selbst gereinigt.

Zur Belohnung für Sardes gehört noch ein seltsamer Hinweis, der viel aussagt: *Ich will ihren Namen nicht auslöschen aus dem*

Buch des Lebens. Das ist also immer noch möglich. Wer hoch steigt, kann tief fallen. Im Geistigen kann man wieder jünger werden. Hochmut und Lieblosigkeit oder auch nur Gleichgültigkeit können fortgeschrittene Pilger kurz vor den letzten Stufen bis in den äußeren Vorhof zurückwerfen. Wem das passiert, der muss die ganze Stufenleiter noch einmal erklimmen.

Bei dieser Gelegenheit möchte ich erwähnen, dass die gesamte Stufenleiter auch rückwärts ins Dämonische gegangen werden kann. Nach Abschluss der Offenbarung steht im Anhang die genauere Betrachtung unter dem Titel: *Sieben Stufen abwärts; die Karriere der Dämonen*. Im Prinzip verläuft es ganz gleich, nur mit negativen Vorzeichen. Und auf der fünften Stufe bleibt hier auch dem dämonisierten Menschen, der schon fast ein Teufel ist, die Möglichkeit zur Umkehr und zur Auslöschung des satanischen Namens. Auch er kann dann den langen Rückweg antreten, bis zu den Anfängen, wo er kriminell wurde. Er kann wieder ein Mensch werden, mit der Chance, die Leiter zur Erlösung durch Christus doch noch zu ersteigen.

Was den Mitgliedern der Stufe Sardes wie eine schreckliche Drohung erscheint, ist zugleich noch ein letzter Hoffnungsstrahl für jene, die ihre Menschlichkeit schon fast völlig verloren hatten. Es ist wichtig, diese Gedanken zu denken, wenn man die Prüfung zu Sardes bestehen will.

Es gibt aber noch eine Belohnung für die Vollendeten in Sardes: *Ich will seinen Namen bekennen vor meinem Vater und vor seinen Engeln.* Hier tritt Christus selbst als Bürge vor Gott für sie ein. Das ist gewaltig, wenn man bedenkt, dass die Prüflinge ihr eigenes Bekenntnis bis in den möglichen Märtyrertod leisten mussten. Jetzt werden sie im Himmel bestätigt.

Das sechste Sendschreiben –
an den Engel der Gemeinde in Philadelphia (Bruderliebe)

> Und dem Engel der Gemeinde in Philadelphia schreibe: Dies sagt der Heilige, der Wahrhaftige, der die Schlüssel Davids hat, er, der öffnet, sodass niemand zuschließt, und schließt, sodass niemand öffnet:

Ich weiß deine Werke. Siehe, ich habe bewirkt, dass vor dir eine Tür offen steht, die niemand schließen kann; denn du hast geringe Kraft, und hast trotzdem mein Wort bewahrt und meinen Namen nicht verleugnet. Siehe, ich bringe es dahin, dass Leute aus der Synagoge des Satans, aus denen, die sich Juden nennen und es nicht sind, sondern lügen – siehe, ich will machen, dass sie kommen und sich vor deinen Füßen niederwerfen und erkennen, dass ich dich geliebt habe. Weil du das Wort vom Harren auf mich bewahrt hast, will auch ich dich bewahren vor der Stunde der Versuchung, die über den ganzen Erdkreis kommen wird. Ich komme bald, halte fest, was du hast, damit niemand deine Krone nehme! Wer überwindet, den will ich zu einem Pfeiler im Tempel meines Gottes machen, und er wird nicht mehr hinauskommen; und ich will auf ihn den Namen meines Gottes und den Namen der Stadt meines Gottes, des neuen Jerusalem, schreiben, das aus dem Himmel von meinem Gott herabkommt, und meinen neuen Namen.
Wer ein Ohr hat, der höre, was der Geist den Gemeinden sagt!

Zuerst die Vorstellung: *Der Heilige, der Wahrhaftige, der die Schlüssel Davids hat.* Mit diesem sonderbaren Schlüsselbund ist man frei, in allen geistigen Reichen aus- und einzugehen nach eigenem Willen. Wer hier angelangt ist, kann im Tempel Gottes bleiben, er kann die astralen Paradiese und Totenwelten durchschreiten und er kann, wenn er will, sich auch wieder inkarnieren.

Nicht umsonst nennen sich viele Kirchen gern Philadelphia-Gemeinde, weil die Mitglieder dieser Stufe scheinbar keinen Tadel bekommen. Sie sind gereinigt (weiße Kleider auf Stufe Sardes), haben den himmlischen Namen (Stufe Pergamus) und hohe Vollmachten. Aber geprüft werden sie auch noch mit einer ganz subtilen Prüfung.

Da sind die Leute aus der Synagoge des Satans, sie nennen sich »Juden«, also Gottesstreiter, obwohl sie es nicht sind. Sie haben den echten Geistesmenschen im wahrsten Sinne die Hölle heiß gemacht. Nun werden sie mit ihren Opfern konfrontiert und zwar vor Gott, wo es kein Ausweichen, keine Irrtümer und keine Lügen geben kann. Hier spricht der Wahrhaftige! Sie werden also niederfallen und bekennen, dass der von ihnen gequälte Mensch unschuldig war, ein Liebling Gottes.

Was für eine Genugtuung! Welches Aufatmen nach all den Schmerzen durch viele Zeiten hindurch. Hier beweist sich auf höchster Ebene das Jesuswort: *Die Wahrheit wird euch frei machen.* Ende der Diskussion, der Dogmen, der fanatischen Lehrmeinungen. Und doch! Liebe Freunde, hier ist größte Aufmerksamkeit geboten. Denn dies ist die Prüfung der sechsten Stufe für die Anwärter auf die Gemeinde Philadelphia, die *Bruderliebe* bedeutet.

Wer hier in der Genugtuung der Bestätigung göttlicher Liebe verharrt, der hat vergessen, sich selbst eine kleine Frage zu stellen: Seit wann wurde er denn von Gott geliebt? Seit er auf der Stufe Sardes endgültig seine Kleider gewaschen hatte und von Christus vor Gott bekannt wurde? Oder seit Thyatira, wo er als geistiger Lehrer bereits mit eisernem Stabe falsche und überholte Formen zerschlug? Seit dem Namen in Pergamus oder der Standhaftigkeit in Smyrna? Seit dem ersten Erwachen seines Glaubens in Ephesus und dem bewussten Beginnen des spirituellen Pfades an der Hand von Christus? Oder vielleicht schon vorher, seitdem er sich bemühte, sich ethisch und philosophisch zu verbessern, also in den Vorhöfen Gottes? Das ist ja auch schon etwas. David sang in großer Bescheidenheit: *Herr, wir sehnen uns nach deinen Vorhöfen!* Oder begann Gottes Liebe zu uns allen schon draußen in der Welt, als wir noch ohne jeden Glauben waren? Vielleicht schon vor der ersten Inkarnation als erschaffene Seele in der Astralwelt, dem Paradies des zweiten Schöpfungstages?

Wenn wir mal von uns selbst ausgehen, so lieben wir doch unsere Kinder auch von ihrer Geburt an und nicht erst nach dem Staatsexamen. Also müssen wir schon als selbstverständlich annehmen, dass wir von Beginn unserer Existenz an von Gott geliebt wurden, ganz gleich, wo wir standen und was wir glaubten. Und wenn das für uns wahr ist, so gilt das auch für alle anderen Menschen, auch wenn sie uns bedrückt und gequält haben, ihrer eigenen Erkenntnis entsprechend. Eines Tages – spätestens in Philadelphia – werden sie es erkennen und bekennen müssen.

Wenn die geprüften Anwärter hier also den Bruder, der sich vor ihnen demütigt, nicht schleunigst aufheben und ihm ebenso bekennen, dass er von Gott geliebt wird von Anfang an, sind sie durchgefallen. Dann hätten sie die Prüfung nicht bestanden, die wohl die schwerste Prüfung von allen ist.

Hierzu fallen mir noch zwei Warnungen von Jesus ein: *Dienet den Geringsten, wenn ihr die Größten sein wollt.* Und ein anderes Mal: *Wer sich selbst erhöht, der wird erniedrigt werden; wer sich selbst erniedrigt, der wird erhöht werden.* Dies ist eine klare Warnung davor, sich selbst oder andere einzustufen. Wohl darf man wissen um die Entwicklung der Menschenseelen und die Hierarchien des Himmels, jedoch im allumfassenden göttlichen Bewusstsein, welches auch jene einschließt, die noch draußen in der Welt sind. Deshalb heißt Philadelphia *Bruderliebe*.

Weiter heißt es im Text: *Weil du das Wort vom Harren auf mich bewahrt hast, will auch ich dich bewahren vor der Stunde der Versuchung, die über den ganzen Erdkreis kommen wird.* Erdkreis ist örtlich, Stunde ist zeitlich. Versuchung ist permanent. Wir sollen unterscheiden lernen, das Gute wählen, das Böse verwerfen. Zugleich aber müssen wir uns der allumfassenden Gottesliebe bewusst sein und uns nicht durch Selbsterhöhungen versündigen. Wenn wir nicht himmlische Hilfe dabei hätten, würden wir es kaum schaffen. Deshalb müssen wir wachsam bleiben: *Halte fest, was du hast, damit niemand deine Krone raube* (Luther).

In der Stufe Smyrna wird den Märtyrern *die Krone des Lebens* versprochen. Dort ist es ein verfrühter Abschluss der Reinkarnationskette, was später im fünften Siegel noch einmal ganz deutlich wird.

Und nun die Belohnung für Philadelphia: Sie werden *ein Pfeiler im Tempel Gottes* sein und *nicht mehr hinauskommen*. Das Rad ist vollendet. Sie sind im Himmel. Allerdings haben sie die Schlüssel Davids. Wenn ihre Liebe sie wieder in die Inkarnation treibt, wo sie anderen helfen können, ist es ihnen nicht verwehrt. Auf ihren Stirnen steht jetzt der Name Gottes (denn sie haben sich in der Liebe Gottes bewährt, als sie den Bruder aufhoben),

der Name des neuen Jerusalem, der Stadt, die vom Himmel herabkommt und Christus, der neue Name von Jesus.
Das müssen wir noch einmal näher anschauen. Diese Stadt senkt sich auf die Erde, also ihre Bürger sind zum Teil auch unter uns. Je mehr wir von diesen Vollendeten hier haben, umso eher verwirklicht sich das Reich Gottes auf Erden, wie es Jesaja im Kapitel 65 beschreibt. Ebenso Lukas, Kapitel 13.
Ein guter Grund, den Mitgliedern von Philadelphia die Schlüssel Davids zu geben. Sie können vieles bewirken auf der Erde.

Wir stehen an der Wende eines Zeitalters in unserem Sternenkreis (Wassermann-Zeitalter). Das letzte Jahrhundert war wie ein Zeitloch im Universum, wie ein Strudel, in dem alles viel schneller geht. Man kann das überall sehen. Selbst den Ungläubigen fällt das schon auf.
Allerdings – das dürfen wir nicht vergessen – ist Philadelphia immer noch nicht die siebente Stufe. Das Glück, hier angekommen zu sein, ist verständlicherweise so groß, dass hierin eine allerletzte Versuchung besteht. Das Erwachen wird dann schrecklich. Aber es muss sein. Es ist es wert.

Das siebente Sendschreiben –
an den Engel der Gemeinde in Laodicea (Volksrecht)

Und dem Engel der Gemeinde in Laodicea schreibe: Dies sagt der »Amen«, der treue und wahrhaftige Zeuge, der Anfang der Schöpfung Gottes: Ich weiß deine Werke, dass du weder kalt noch warm bist.
O, dass du kalt oder warm wärest! So aber, weil du lau bist und weder warm noch kalt, will ich dich ausspeien aus meinem Munde.
Weil du sagst: Ich bin reich und bin reich geworden und bedarf nichts, und nicht weißt, dass du der Elende und Bejammernswerte und arm, blind und nackt bist, rate ich dir, von mir Gold zu kaufen, das im Feuer geglüht ist, damit du reich wirst, und weiße Kleider, damit du dich bekleidest und die Schande deiner Blöße nicht offenbar wird, und Augensalbe, um deine Augen zu salben, damit du siehst.

Ich strafe und züchtige aber alle, die ich lieb habe. So sei nun eifrig und tue Buße! Siehe, ich stehe an der Tür und klopfe an.
Wenn jemand meine Stimme hört und die Tür öffnet, werde ich zu ihm hineingehen und das Mahl mit ihm halten und er mit mir. Wer überwindet, dem will ich verleihen, mit mir auf meinem Thron zu sitzen, wie auch ich überwunden und mich mit meinem Vater auf seinen Thron gesetzt habe.
Wer ein Ohr hat, der höre, was der Geist den Gemeinden sagt!

Zuerst die seltsame Vorstellung dessen, der diese Offenbarung diktiert: Dies sagt der *Amen, der treue und wahrhaftige Zeuge.* Hier zeigt er sich nämlich in seiner höchsten Form und wer das wirklich versteht, der wird wie Johannes auf Patmos erst einmal umfallen. ...*der Anfang der Schöpfung* Gottes. Das ist kein Druckfehler! Wer seinen Weg bisher über die Meditation gegangen ist, der weiß, was östlich orientierte Lehrer als Anfangserfahrung versprechen: das innere Hören des großen OM, der Urschwingung der Schöpfung.
Die Bibel beginnt damit im Johannes-Evangelium mit dem berühmten Vers: *Im Anfang war das Wort, und das Wort war bei Gott, und das Wort war Gott, dieses war im Anfang bei Gott. Alle Dinge sind durch dasselbe geworden...* Die Eingeweihten der großen Religionen versuchten diese Urschwingung in ein rituelles Wort zu fassen, welches sich ähnlich anhört: Amen, Om, Aum... Auch das Glockenläuten ist ein Versuch, ein Zusammenklingen aller Schwingungen nachzuvollziehen.

Hier stellt sich also der *Amen* vor als treuer Zeuge (inneres Hören) und Anfang aller Schöpfungen. Er ist also identisch mit Gott. Um dem menschlichen Verständnis entgegen zu kommen, haben wir ihn zuerst in seiner Menschengestalt als Jesus wahrgenommen. Dann die Astralerscheinung in der Verklärung (sie wurde an drei Auserwählte gegeben). Dann die Kausalerscheinung in der Ordnung Melchisedeks auf Patmos. Bis hierher haben wir es mit der Erscheinung einer Persönlichkeit zu tun, in steigender Leuchtkraft. Das ist aber noch nicht der *Amen*.

Hier kommt der Sprung in eine universale Schwingung des Geistes, in das Symbolbild, wie wir es in der Bibel so oft erleben. Hierzu 1. Korinther, 12,27: *Ihr aber seid Christi Leib, und als Teile betrachtet Glieder.* Jetzt haben wir es mit einem Millionen-Seelen-Körper zu tun, dessen Haupt Christus ist. Dieser Körper ist ein Überwesen, gebildet aus einer erlösten Menschheit, die durch viele Leben hindurch geläutert wurde und viele Erfahrungen gesammelt hat; berufen und fähig, Vorbild einer kommenden Weltordnung zu sein. Dieser Gesamtkörper wird auch zuweilen der »Christos« genannt, zum Unterschied zum Personenbild des transzendierten Jesus Christus.

Ich weiß, dass viele Menschen diesen Bewusstseinssprung nicht nachvollziehen können. Aber hier spricht der *Amen*, der Anfang der Schöpfung Gottes, der mit Gott nicht als Person, sondern im Wesen identisch ist und deshalb hier seine höchste Wahrheit erreicht hat: *Ich und der Vater sind eins.* In diese Einheit werden auch alle Seelen mit eingeschlossen, die mit ihm die letzte Vereinigung vollziehen. Das ist ihr *Volksrecht*.

Aber: *O, dass du kalt oder warm wärest! So aber, weil du lau bist, und weder warm noch kalt, will ich dich ausspeien aus meinem Munde.*

Was für ein Schock! Es war ja schon schlimm genug, wenn die Mitglieder der ersten Stufe, Ephesus, lauwarm geworden waren und ihre erste Liebe verlassen hatten. Aber die Mitglieder in Philadelphia? Die Karmafreien, die Vollendeten in der Bruderliebe, die im Buch des Lebens mit dem neuen Namen eingeschrieben sind, die Pfeiler im Tempel Gottes? Wie ist das möglich? Christus nennt sie hier elend und bejammernswert. Sie fühlen sich reich und auch *reich geworden*; sie sind sich also der langen Reise, die sie hinter sich haben, wohl bewusst. Sie hatten als geschaffene Seelen das Paradies verlassen, um die Erkenntnis von Gut und Böse zu erlangen und um eines Tages – nach dem Erkennen des Christus – den Aufstieg ab der Stufe Ephesus zu beginnen. Hierzu Johannes 1,11–12: *Er kam in das Seine, und die Seinen nahmen ihn nicht auf. So viele ihn aber aufnahmen, denen gab er Anrecht darauf, Gottes Kinder zu werden.* Um dieses höchste Recht geht es hier. Laodicea heißt: Volksrecht!

Ein Recht ist zwar keine Pflicht. Aber eine Reise durch die Welt anzutreten, viele Leiden auf sich zu nehmen, um am Ende das Recht nicht wahrzunehmen? Das wäre schon eine große Dummheit. Dazu hätten sie das Paradies nicht verlassen müssen.

Christus empfiehlt ihnen nun, sich im Feuer geglühtes Gold zu kaufen, weiße Kleider und Augensalbe. Noch einmal eine letzte Anstrengung also um Gottesbewusstsein, Reinheit und Erkenntnis des ganzen Gottesplans. Gold als Gottessymbol hat schon den höchsten Wert. »Kaufen« können sie es nur mit ihrer ganzen Seele. *Ich strafe und züchtige aber alle, die ich lieb habe.* Tröstliche Worte nach der harten Mahnung.

Nun kommt ein Teil, der sehr behutsam und zurückhaltend erscheint. Christus *klopft an*. Und er wartet, ob die Tür geöffnet wird. Der Mensch muss bereit sein für diesen letzten Schritt. Das ist sein Recht, kann aber nicht erzwungen werden. Denn nun geht es um die letzte Vereinigung mit dem Christus, den endgültigen Schritt in eine ewige geistliche Wesenheit in der Ordnung Melchisedeks (Hebräerbrief Kapitel 7), zu welcher Christus gehört. Das sind die Fürsten des Universums, die *über den Engelwelten stehen*. Sie regieren und formen die Menschheit, auf der Erde wie auch in allen Galaxien des Kosmos. Ich erinnere daran, dass Jesus stets Himmel im Plural nennt: *die Reiche der Himmel...*

Hierzu die wichtigsten Bibelworte:

> Lukas 6,40: *Ein Jünger ist nicht über dem Meister, jeder aber, wenn er ganz vollendet ist, wird nur wie sein Meister sein.*
> Hebräerbrief, Kapitel 7, Vers 1: *Denn dieser Melchisedek, König von Salem, Priester des höchsten Gottes...* 7, Vers 3: (Luthertext): *ohne Vater, ohne Mutter, ohne Geschlechthat weder Anfang der Tage noch Ende des Lebens – er ist aber verglichen dem Sohn Gottes und bleibt Priester in Ewigkeit.*
> Vers 21–25: *...Der Herr hat geschworen, und es wird ihn nicht gereuen: Du bist Priester in Ewigkeit. Insofern ist Jesus auch eines besseren Bundes Bürge geworden. Und jene* (von Menschen verordnete Priester und die Propheten) *sind in Mehrzahl nacheinander Priester geworden,*

weil sie durch den Tod verhindert wurden zu bleiben; dieser aber hat, weil er in Ewigkeit bleibt, das Priestertum als ein unwandelbares inne. Und daher kann er die, welche durch ihn zu Gott kommen, auch völlig erretten. *Weil er immerdar lebt, um für sie einzutreten. Denn ein solcher Hohepriester geziemte uns auch, der heilig, frei vom Bösen, unbefleckt, von den Sündern geschieden und höher als die Himmel geworden ist, der nicht wie die Hohenpriester* (der Erde) *täglich nötig hat, zuerst für die eigenen Sünden Opfer darzubringen, dann für die des Volks; denn dies hat er e i n m a l getan, als er sich selbst darbrachte.*

Vers 28: *Denn das Gesetz bestellt Menschen zu Hohenpriestern, welche Schwachheit an sich haben, das Wort des Eidschwurs* (Gottes) *aber, der später als das Gesetz erfolgte, den Sohn, der in Ewigkeit vollendet ist.*

Dieser Text ist zu wichtig, als das wir ihn auslassen dürften. Denn mit ihm verstehen wir die ganze Größe des siebenten Sendschreibens und seinen krönenden Abschluss.

Das Diktat des Christus an Johannes auf Patmos ist die Offenbarung von Christus, die ihm Gott gegeben hat. Der Hebräerbrief ist die Offenbarung über Christus, die uns zeigt, wer er wirklich ist. Und auch die Berufung derer, die ihm nachfolgen und die in der siebenten Stufe Laodicea ihm ihre innere Tür der Seele öffnen, damit er sich mit ihnen vereinigen kann.

Wir haben gesehen, dass die schon fast Vollendeten hier noch einmal zögerten vor dem allerletzten Schritt.

Denn es ist der endgültige Schritt zu einem ewigen Geistwesen, welches sich nicht mehr inkarniert!

Der Hinweis in der *Ordnung Melchisedeks* ist klar: Ohne Vater, ohne Mutter, ohne Geschlecht. Er kann eine Erscheinung annehmen, wann und wo immer er will (wie bei Abraham). Auch die Schlüssel Davids sind damit überflüssig geworden. Denn jede Inkarnation ist mit Geburt und Tod verbunden.

An diesem Endpunkt sind die Nachfolger Christi genau wie die Nachfolger Buddhas in die Ewigkeit eingegangen, jedoch sind sie Geistwesen mit ihrer gereinigten Individualität. Sie gehen nicht unpersönlich im »Nirwana« auf. Sie werden künftige Menschheitsketten betreuen, womöglich in anderen Galaxien. Hierzu zum Abschluss noch einmal Jesus, Johannes 14,2: *Meines Vaters Haus hat viele Wohnungen.*

Die sieben Sendschreiben sind hiermit zu Ende. Das anschließende Kapitel 4 beschreibt den Thron Gottes und seine Umgebung.

Der Thron Gottes und seine Umgebung

Offenbarung
Kapitel 4

Nach den sieben Sendschreiben in der Offenbarung, welche bei den gläubig gewordenen Menschen an Gott und Christus die stufenweise Entwicklung bis zur Vollendung zeigen, beginnt nun mit den Thron Gottes ein mehrfach verschlüsselter Text. Zugleich eine hohe Schule der symbolischen Auslegung, welche durch die ganze Offenbarung hindurch steigend gefordert wird. Dabei muss man jedes Detail genau beachten.

> Darnach schaute ich auf, und siehe da, eine Tür war geöffnet am Himmel, und die erste Stimme, die ich gehört hatte wie von einer Posaune, die mit mir redete, sprach: Komm hier herauf, und ich will dir zeigen, was nachher geschehen soll.
> Sogleich geriet ich in Verzückung; und siehe da, ein Thron stand im Himmel, und auf dem Thron saß einer, und der darauf saß, war seinem Aussehen gleich einem Jaspis- und Karneolstein, und ein Regenbogen war rings um den Thron, seinem Aussehen nach gleich einem Smaragd.
> Und rings um den Thron sah ich 24 Throne, und auf den Thronen saßen 24 Älteste, angetan mit weißen Kleidern, und auf ihren Häuptern hatten sie goldene Kronen. Und von dem Thron gehen Blitze und Stimmen und Donner aus, und vor dem Thron brennen sieben Feuerfackeln, die die sieben Geister Gottes bedeuten.
> Und vor dem Thron ist es wie ein gläsernes Meer gleich Kristall; und in der Mitte des Thrones und rings um den Thron sind vier Wesen voller Augen vorn und hinten. Und das erste Wesen ist gleich einem Löwen, und das zweite Wesen gleich einem jungen Stier, und das dritte Wesen hat ein Angesicht wie das eines Menschen, und das vierte Wesen ist gleich einem fliegenden Adler. Und die vier

Wesen, von denen jedes einzelne sechs Flügel hat, sind ringsherum und auf der Innenseite voller Augen; und sie kennen keine Ruhe und sprechen Tag und Nacht:
»Heilig, heilig, heilig ist der Herr, der allmächtige Gott, der war und der ist und der kommt.«
Und wenn die Wesen Preis und Ehre und Dank darbringen dem, der auf dem Throne sitzt, der in alle Ewigkeit lebt, werfen sich die 24 Ältesten nieder vor dem, der auf dem Throne sitzt, und beten den an, der in alle Ewigkeit lebt, legen ihre Kronen vor dem Throne nieder und sprechen: Würdig bist du, unser Herr und Gott, zu empfangen den Preis und die Ehre und die Macht; denn du hast alle Dinge geschaffen, und kraft deines Willens waren sie und wurden sie geschaffen.

Johannes sieht eine offene Himmelstür. Eine Stimme fordert ihn auf, hinaufzusteigen. Dann gerät er in Verzückung – und nun sieht der den Thron Gottes. Es ist also keine unmittelbare Vision, sondern er wird stufenweise darauf vorbereitet und in einen anderen Zustand versetzt. Was er jetzt sieht – ein Wesen auf dem Thron, wird eher in Farben als in Bildern beschrieben, anhand mehrfarbiger Edelsteine. Dann kommt der Regenbogen, welcher ja alle Farben enthält, rund um den Thron. En erster Hinweis auf die höhere Dimension der Betrachtung, denn jeder Regenbogen, den wir immer nur als Teilabschnitt sehen, ist tatsächlich ein Kreis.
 Rings um den Thron sind 24 Throne mit den Ältesten darauf. Diese tragen weiße Kleider und goldene Kronen. Bedenken wir, dass die Bibel ein inspiriertes Buch an die Menschheit der Erde ist, in Jahrtausenden zusammengetragen. Für unser kleines Sonnensystem am Rande einer Milchstraße (von der es wiederum Tausende gibt) läuft die gesamte Zeitbetrachtung durch die Zahl 12: 24 Stunden ein ganzer Tag, 12 Stunden Tag, 12 Stunden Nacht. 12 Monate sind ein Jahr; 12 Sternbilder, von denen jedes 2000 Jahre als Zeitalter gerechnet wird (gerade haben wir das Wassermannzeitalter begonnen) – also alle zusammen in einem Durchlauf 24.000 Jahre. Hierzu Psalm 90,4/2. Petrus 3,8 ... *dass ein Tag bei dem Herrn wie tausend Jahre ist und tausend Jahre wie ein Tag.* Die Zahl Tausend werden wir in der Offenba-

rung noch öfter treffen, wobei wir stets die reale Zeit gegen die symbolische abwägen müssen.

Die 24 Ältesten können wir hier als Könige von Zeitaltern sehen, die sich fortlaufend wiederholen. Im Osten sagt man, jedes Zeitalter habe seinen eigenen Boddhisattva. Die Griechen bezeichneten 2000 Jahre – also ein Sternenzeitalter – als ein Äon. Gehen wir also davon aus, dass jedes Zeitalter der Menschheit auf der Erde eine reine göttliche Lehre erhält, denn hierfür sprechen die weißen Kleider und die goldenen Kronen, so ist es die Aufgabe der Gottsucher unter den Menschen, diese reine Offenbarung zu finden. Hierzu Jeremia, 29,14: *...wenn ihr nach mir fragt von ganzem Herzen, so werde ich mich von euch finden lassen, spricht der Herr.* Die Menschheit ist also nie allein; echte Gottsucher finden Gott immer, in jeder Zeit.

Und von dem Thron gehen Blitze, Stimmen und Donner aus, und vor dem Thron brennen sieben Feuerfackeln, welche die sieben Geister Gottes bedeuten. Nach der Zahl zwölf, durch welche unsere Zeit läuft, sind noch zwei Zahlen in der Bibel besonders bedeutend: die sieben und die vier. Beide finden wir im Thron Gottes noch vor.

Und vor dem Thron ist es wie ein gläsernes Meer gleich Kristall; und in der Mitte des Throns und rings um den Thron sind vier Wesen voller Augen vorn und hinten. Das gläserne Meer ist vor dem Thron, es ist also durchsichtig und nichts ist vor Gott verborgen. Hierzu Offenbarung 2, 23: *...und alle Gemeinden werden erkennen, dass ich es bin, der Herzen und Nieren erforscht.* Und nun die vier Wesen, deren Bedeutung wir uns einzeln betrachten müssen. Zunächst ist ihre Position wichtig: In der Mitte und ringsum, dazu Augen vorn und hinten. In höheren Dimensionen ist alles anders und die Wahrnehmung gleichzeitig. Nun die Wesen selbst: LÖWE, STIER, MENSCH, ADLER. Die Bibelausleger der letzten 2000 Jahre haben sich über die Bedeutung der vier Wesen schon Gedanken gemacht. Sie kamen darauf, diese den vier Evangelien und ihren Schreibern zuzuordnen. Da es sich hier aber um den Thron des Schöpfers des Universums handelt, ist es durchaus legitim, nach größeren Zuordnungen Ausschau zu halten, wobei das Evangelium als Gesamtheit seinen Platz darin hat. Am besten ist es, wir gehen einmal mehrere Möglichkeiten durch, die in der Bibel teilweise eine Grundlage finden.

Ordnen wir uns die vier Wesen nach Himmelsrichtungen an, wie die Tore des Himmlischen Tempels bei Hesekiel, Kapitel 40. Die Bedeutung betrachten wir gleich dazu.

Der LÖWE im Westen. Dort geht die Sonne unter, der Tag ist vergangen. Also versinkt dort immer die Vergangenheit. Der Löwe als König der Tiere ist eine imposante Erscheinung in der Schöpfung. Die Menschen entwickeln sich in der Evolution durch viele Formen und Völker, als Mann und Frau – siehe 6. Schöpfungstag in der Genesis. Die Entwicklung geht immer noch weiter, obwohl die heutigen Menschen schon deutlich schöner sind als zu Urzeiten. Hier geht es um sehr große Zeiträume. Einen Hinweis bietet die neue Ordnung Gottes für die Menschen (die Lebenszeit wird verkürzt auf 120 Jahre) und der Vertrag mit Noah nach der Sintflut.

Der STIER steht im Norden. Immer wieder ein Symbol des Todes, im alten Ägypten, aber auch im 22. Psalm.

Alle Formen, die sich in der Entwicklung der Evolution überholen und durch bessere abgelöst werden, verschwinden im Stier, dem Feuer der Auflösung. In der Entwicklung der Körper geschieht dies ohne den Willen der Geschöpfe.

Der ADLER im Osten zeigt den denkenden Menschen, der beginnt, Gott zu suchen. Der Mensch mit dem Großhirn ist hier angekommen. Der Forscher, Wissenschaftler und Denker. Alle neuen Erkenntnisse überholen die alten und deshalb gehen sie in das Feuer des Nordens. Dies geschieht bewusst und mit Willen der denkenden Menschen. Im Tor des Ostens spricht Hesekiel vom achtfachen Weg im äußeren Vorhof. Des deckt sich klar mit der Karmalehre Buddhas, die ein langsames Aufsteigen durch ethisches Verhalten verspricht. Die Erleuchtung steht bei diesem Weg am Ende.

Der MENSCH als vollendetes Antlitz eines erleuchteten Wesens, also der *Christus*, steht im Tor des Südens.

Bei Hesekiel im Kapitel 40 beschreibt der Prophet einen Weg über sieben Stufen im inneren Vorhof des Tempels, im Süden. Dieser Weg wird klar in den sieben Sendschreiben an die Engel in der Offenbarung beschrieben.

Alle Entwicklungen auf der Erde, für die diese vier Wesen symbolisch stehen, setzen sich fort, so lange die Erde steht. Hierzu 1. Mose 8, 22: *So lange die Erde steht, soll nicht aufhören Saat und Ernte, Frost und Hitze, Sommer und Winter, Tag und Nacht.* Diese vier Wesen nun haben Augen außen und innen und sie sprechen Tag und Nacht: *Heilig, heilig, heilig ist der Herr, der allmächtige Gott, der war, der ist und der kommt.* Ihrer Anbetung des Schöpfers schließen sich nun auch die 24 Ältesten an, sie legen ihre Kronen vor dem Thron nieder und sagen: *Würdig bist du unser Herr und Gott, zu empfangen den Preis und die Ehre und die Macht: denn du hast alle Dinge geschaffen, und kraft deines Willens waren sie und wurden geschaffen.*

Diese bedeutende Lobpreisung, die allein Gott gilt, wird nicht von irdischen Geschöpfen gesprochen, sondern von Fürsten des Himmels, die Jahrmillionen des Werdens überwachen und begleiten und die Gott so nahe sind, dass sie zur unmittelbaren Umgebung seines Thrones gehören.

Die sieben Siegel

Offenbarung
Kapitel 5 bis 8,1

Dieses berühmte Kapitel aus der Offenbarung Christi hat vermutlich der ganzen Bibel die Bezeichnung »Ein Buch mit sieben Siegeln« gegeben. Und das mit Recht. Von der Schöpfungsgeschichte auf der ersten Seite an haben wir es mit mehrfach verschlüsselten Texten zu tun, ganz besonders bei Zahlen-Einheiten von 7, 4 und 12.

Die sieben Siegel haben (wie auch andere Siebenheiten in der Bibel) einen Unterbau von vier Stufen. So beginnt dieses faszinierende Kapitel mit den vier apokalyptischen Reitern, die Albrecht Dürer in einem so wundervollen Kupferstich dargestellt hat. Das Original ist in Berlin zu sehen.

Bevor wir uns an die Reiter machen, sollten wir noch einmal bedenken, dass bei solchen Texten ein siebenfaches Licht darüber liegt. Es hängt vom Standort jedes Lesers ab, bis zu welcher Auslegung er gelangt, wenn er von unten beginnt und langsam die Leiter hinaufsteigt. So gibt es zum Beispiel eine reale Auslegung mit starkem Bezug auf die physischen Körper und die Gegenwart. Es kommt dann die gleiche Ebene in symbolischer Betrachtung. Dann gibt es innerhalb der Symbolik wieder Stufen des Verständnisses und auf den letzten Stufen gewinnt man den Überblick über die Zusammenhänge in allen Ebenen. Versuchen wir es also.

Die vier Reiter geben einen Überblick über die Lebenszeit der Menschen, ihr natürliches Lebensprogramm und mögliche Verkürzungen des Lebens auf verschiedene Weise. Alle vier beziehen sich auf die Inkarnationen auf der Erde.

Der erste Reiter

> Und ich schaute auf, als das Lamm eins von den sieben Siegeln öffnete, und ich hörte eins von den vier Wesen wie mit Donnerstimme sagen: Komm! Und siehe da, ein weißes Pferd, und der darauf saß, hatte einen Bogen; und es wurde ihm ein Kranz gegeben, und er zog aus als Sieger um zu siegen.

Stellen wir uns die Geburt eines Kindes vor, mit besten Voraussetzungen, gesund und schön, ein Start in das Leben voller Hoffnung und Freude. Sein kleines Herz schlägt kräftig und wenn es in Frieden ein gutes Leben führen kann, hat es nach der gegenwärtigen Naturordnung ein Leben bis zu 120 Jahren. Wir wissen jedoch nur zu gut, dass man in dieser Welt nicht ohne Hindernisse durchkommen kann. Wir sind mitten im Leben vom Tod umgeben, es ist eine Schule, ein Kampf und eine große Prüfung. Aber dennoch, trotz allem ist es auch eine große Chance mit einem hohen Ziel. Jetzt legen wir noch eine zweite Bedeutung auf den weißen Reiter: Er ist der CHRISTUS, der durch Jahrtausende hindurch sich einen Millionen-Seelen-Körper sammelt, um gemeinsam mit dieser gereinigten Schar eine neue Weltordnung aufzubauen. Hierzu der Hebräer-Brief 7, 22–26. Aber bleiben wir mal bei der Aufteilung der Lebenszeit auf dieser Erde, denn das ist das zentrale Thema der ersten vier Siegel. Die Hindernisse werden nicht lange auf sich warten lassen, denn es kommt:

Der zweite Reiter

> Und als es (das Lamm, also Christus) das zweite Siegel öffnete, hörte ich das zweite Wesen sagen: Komm! Und ein anderes Pferd kam hervor, ein feuerrotes, und dem, der darauf saß, wurde Macht gegeben, den Frieden von der Erde wegzunehmen, und zu bewirken, dass sie einander hinschlachten sollten; und es wurde ihm ein großes Schwert gegeben.

Da denken wir natürlich zuerst an Kriege. Davon haben wir schon genug gesehen im 20. Jahrhundert und es hat uns alle beeinflusst, auch in den danach kommenden Friedensjahren. Viele Soldaten sind gefallen, Familien wurden zerstört, ebenso Städte und jede Art von Besitz. Aber es gibt noch eine feinere Auslegung in unserem siebenfachen Licht, denn man braucht keinen Krieg, um ohne Frieden leben. Es kommt auf den Charakter eines Menschen an, auf sein Herz. Wer mit Rachegedanken durch die Gegend läuft, hat ein verdunkeltes Bewusstsein. Das Leben zählt jetzt nicht mehr nur nach Alter, sondern nach Qualität. An dieser Stelle wird noch nicht gesagt, in welchem Maße der innere Zustand ein Leben verlängert oder verkürzt. Wir haben aber noch zwei Pferde übrig:

Der dritte Reiter

> Und als es das dritte Siegel öffnete, hörte ich das dritte Wesen sagen: Komm! Und ich schaute auf, und siehe da, ein schwarzes Pferd, und der darauf saß, hatte eine Waage in seiner Hand. Und ich hörte etwas wie eine Stimme inmitten der vier Wesen (im Thron Gottes), die sprach: Zwei Pfund Weizen für einen Denar und sechs Pfund Gerste für einen Denar! Und dem Öl und dem Wein füge keinen Schaden zu.

Langsam wird es schwieriger. Der Reiter mit der Waage hat etwas mit Gerechtigkeit zu tun. Oder mit Karma. Ein Mensch kann durch gute Leistungen auf der geistigen Stufenleiter vorankommen oder durch Sünden zurückgeworfen werden. Es wird alles gemessen, aber nach göttlichen Maßstäben, die hier schon sichtbar werden. Ein Denar ist eine Werteinheit. In dem vorliegenden Symbol ist das wertvollere Getreide Weizen in geringerer Menge für die gleiche Werteinheit zu haben wie die leichtere Gerste in dreifacher Menge. Ein gerechter Preis (Belohnung oder Strafe). Das müssen wir symbolisch verstehen. Stellen wir uns vor, jemand leistet in einer kurzen Zeit eine große Tat unter Einsatz seines Lebens. Nehmen wir an, er retten zehn kleine Kinder aus dem Feuer. Dafür bekäme er die zwei Pfund Weizen für einen Denar. Ein anderer, vielleicht eine Mutter, die unter härtesten Bedingungen ihre Kinder ernährt und großzieht über eine lange Zeit – das ist im Vergleich mit einer Heldentat eine zeitlich verdünnte Leistung (wie die Gerste, von der es sechs Pfund für einen Denar gibt), der Lohn wäre jedoch letztendlich gleich und dennoch gerecht. Kein Mensch wird übersehen in seiner Lebensführung, auch nicht seine Gedanken und sein innerer Zustand (siehe viertes Sendschreiben in der Offenbarung, wo es heißt, dass Gott allein die Herzen und Nieren erforscht). Und nun wird es ganz klar, dass hier jeder Mensch durch eigenes Zutun sein Leben entscheidend beeinflussen kann. Wenn auch nicht ausschließlich. Denn es kommt ja noch ein viertes Pferd, welches mit jeder nur möglichen Todesart die so siegreich in die Welt Hineingeborenen wieder abholt. Es gibt aber zwei ganz wichtige Ausnahmen.

Zwei Gruppen von Menschen werden besonders geschützt, beziehungsweise milde beurteilt und nicht zurückgeworfen: Die Symbole Öl und Wein müssen wir dazu entschlüsseln. Öl steht für Heilung und Salbung. Zu dieser Gruppe gehört eine Mutter Theresa, aber auch jede andere treu sorgende Mutter. Ebenso Priester und geistige Lehrer. Wein hingegen steht für einen Prozess der Gärung. Ein guter Wein wird mit der Zeit immer besser. Stellen wir uns hier Menschen vor, die gerade eine spirituelle Anrührung bekommen haben und wirklich erwacht sind. Sie sind hungrig nach geistiger Nahrung, sie suchen sich Lehrer und Vorbilder für ihr neues Leben mit Gott. Sie müssen geschützt werden in diesem besonderen Zustand. Sie sind zu wichtig und die Wartezeit war lang. Im nächsten Leben würde es wieder lange dauern, bis sie dieselbe Chance erkennen und auch ergreifen. Dies ist einer der seltenen Fälle, wo Gott sich einschaltet. Und bevor wir weitergehen, sollten wir uns im Leben umschauen und Beispiele suchen. Es fällt schon auf, dass Ärzte und Pflegepersonal seltener krank sind als andere Menschen. Selbst Pfleger auf Leprastationen wurden erst im hohen Alter infiziert, was heute natürlich durch Impfung zu verhindern ist. Aber für viele andere Fälle gilt es immer noch. Auch eine Mutter mit Kindern bleibt auffallend gesund, selbst bei knapper Nahrung. Und Beispiele für Wein? Ich habe schon etliche gesehen, besonders solche Menschen, die zugleich mit ihrem Erwachen Verantwortung für andere übernommen haben. Dieser Schutz in Ausnahmefällen gilt jedoch nicht grundsätzlich und er schließt Opfertode nicht aus. Nun kommen wir jedoch unvermeidlich zu dem Reiter, der alles mitnimmt, was noch übrig ist.

Der vierte Reiter

> Und als es das vierte Siegel öffnete, hörte ich die Stimme des vierten Wesens, das sagte: Komm! Und ich schaute auf, und siehe da, ein fahles Pferd, und der darauf saß, dessen Name ist Der Tod, und der Herrscher des Totenreichs folgte ihm nach. Und es wurde ihnen Macht gegeben über den vierten Teil der Erde, zu töten mit dem Schwert und mit Hunger und mit Pest und durch die wilden Tiere der Erde.

Jeder, der in dieser Welt geboren wird, muss sie irgendwann durch irgendeinen Tod wieder verlassen. Selbst die besonders geschützten Menschen der Symbole Öl und Wein, Heiler und geistig Erwachte müssen einmal sterben. Das Naturprogramm für dieses Äon sieht für Menschen ein maximales Lebensalter von 120 Jahren vor. Dies wurde festgelegt im Bund zwischen Gott und Noah und ist für jeden jetzt lebenden Menschen auf dieser Erde gültig. Wir sehen bei dem vierten Reiter jedoch auch die Möglichkeiten unvorhersehbarer Lebensverkürzung. Das Schwert steht für Kriege, aber auch für jeden anderen Tod durch Gewalt, zum Beispiel durch Verbrechen. Dann der vorzeitige Tod durch Hunger und Krankheit. Und schließlich durch wilde Tiere – das schließt jede Gewalteinwirkung mit ein, sei es nun durch Naturkatastrophen oder Unfälle.

Da ist noch etwas anderes bemerkenswert: Der Tod selbst ist der Reiter, der Herrscher des Totenreiches folgt ihm nach. Dürer hat das sehr anschaulich gezeichnet. Der Tod ist eine Symbolfigur, der Herrscher des Totenreiches ein wachender Engel über die Totenwelten. Die alten Griechen hatten zum Beispiel Hades als Hüter der Unterwelten. Ich finde es interessant, dass dies auch hier mit einfließt.

Mit diesen vier apokalyptischen Reitern haben wir nun jene Siegel geöffnet, die Leben und Sterben auf der Erde behandeln. Das Naturprogramm, das siegreich ausziehende Leben und das Sammeln der geistig Erwachten; ferner alle Hindernisse durch Schicksale von außen und Charaktere von innen. Gerechtigkeit durch Karma (Ursache und Wirkung), Schutz in Ausnahmefällen, bei besonderen Berufungen und dienenden Leben. Und schließlich Tod auf irgendeine Weise – spätestens 120 Jahre nach der Geburt.

Für Menschen, die an gar nichts glauben, wäre damit alles zu Ende. Aber hier haben wir es mit der Bibel zu tun – und zwar mit dem krönenden Abschlussbuch der Offenbarung Christi. Also fängt es jetzt erst richtig an. Wir kommen nun an den Punkt, wo es über dieses Leben hinaus weist, dem wahren Inhalt der Religion. Die folgenden drei Siegel spielen im Jenseits, in verschiedenen Ebenen. In Himmeln und Höllen. Befassen wir uns also nun mit der Überraschung nach dem Tode:

Das fünfte Siegel

> Und als es das fünfte Siegel öffnete, sah ich unter dem Altar (Gottes) die Seelen derer, die hingeschlachtet worden waren um des Wortes Gottes willen und um des Zeugnisses willen, das sie festhielten. Und sie riefen mit lauter Stimme: Wie lange, heiliger und wahrhaftig Herr, richtest du nicht und rächst nicht unser Blut an denen, die auf Erden wohnen? Und es wurde einem jeden von ihnen ein weißes Kleid gegeben, und es wurde ihnen gesagt, dass sie sich noch kurze Zeit gedulden sollten, bis auch ihre Mitknechte und ihre Brüder, die den Tod finden sollten gleich wie sie, zur himmlischen Vollendung gekommen wären.

Die ersten Ankömmlinge im Jenseits, die hier betrachtet werden, sind die Märtyrer, die für Gott und die ganz bestimmte Form ihres Glaubens ihr Leben hingegeben haben. Eine große Toleranz wird hier sichtbar: *um des Zeugnisses willen, das sie festhielten!* Dies ist außerordentlich wichtig in einer Welt, in der selbst Angehörige der gleichen Religion um Formalitäten kämpfen. Bei Gott zählt, dass ein Mensch sein Leben hingab für seinen Glauben. Dass es sich bei den Märtyrern oft um die jungen Feuerköpfe handelt, die in der ersten Begeisterung ihres geistigen Erwachens besonders gefährlich leben, können wir in der Apostelgeschichte gut nachlesen, aber es gilt auch heute und für alle Zeiten. Jesus sagte: *Wes das Herz voll ist, fließt der Mund über.* Er kannte das Problem. Die Geistgetauften können nicht den Mund halten. Und das sollen sie ja auch nicht. Aber sie sind noch lange nicht fertig. In den sieben Sendschreiben sind sie gerade mal auf der zweiten Stufe, wo man sie in die Gefängnisse wirft und zum Teil tötet. In unserem fünften Siegel zeigen sie das noch deutlicher, denn obwohl sie nun unter dem Thron Gottes sitzen dürfen, mit weißen Kleidern (also ihr Karma wurde aufgrund dieses Todes gelöscht), schreien sie nach Rache. Sie sind noch lange nicht geläutert und himmlisch vollendet. Aber sie dürfen bleiben und sollen sich nicht mehr inkarnieren. Dies ist im zweiten Sendschreiben ganz klar formuliert. Aber sie sollen nun auf die späteren Märtyrer auf Erde achten. Sie sollen jedoch nicht auf deren Tod warten, sondern auf deren himmlische Vollendung. Ihre Blickrichtung wird dadurch um 180 Grad gedreht. Während sie nun auf die Vollendung der Seelen ihrer Nachfolger warten, werden sie unwillkürlich über ihre eigene Vollendung nachdenken. Das heißt, sie müssen aufhören, nach Rache zu schreien. Sie bekommen das überhaupt nicht. Dafür aber alles, was ein Mensch nach einer schweren Lebensreise als Belohnung erhalten kann. Jesus kürzte diesen Prozess für sich selber ab, indem er am Kreuz sagte: *Herr vergib ihnen, denn sie wissen nicht, was sie tun.* So spricht ein Vollendeter. Das ist der Unterschied. Da aber diese sieben Siegel für alle Menschen gültig sind, können wir auch davon ausgehen, dass dieses fünfte Siegel ein Lehrstück für jeden Menschen ist, besonders was die Charakterarbeit an sich selbst betrifft. Aber nun widmen wir uns einer völlig anderen Menschengruppe, die im gegenwärtigen Weltzeitalter wohl die größte ist.

Das sechste Siegel

Und ich sah, als es das sechste Siegel öffnete, da entstand ein großes Erdbeben, und die Sonne wurde schwarz wie ein härenes Trauergewand, und der ganze Mond wurde wie Blut, und die Sterne des Himmels fielen auf die Erde, wie ein Feigenbaum seine Früchte abwirft, wenn er von einem starken Wind geschüttelt wird, und der Himmel entschwand wie eine Buchrolle, die sich zusammenrollt, und alle Berge und Inseln wurden von ihren Stellen gerückt. Und die Könige der Erde und die Würdenträger und die Kriegsobersten und die Reichen und die Mächtigen und alle Sklaven und Freien verbargen sich in die Klüfte und in die Felsen der Berge, und sie sagten zu den Bergen und den Felsen: Fallet auf uns und verberget uns vor dem Angesicht dessen, der auf dem Throne sitzt, und vor dem Zorn des Lammes. Denn gekommen ist der große Tag seines Zorns, und wer kann bestehen?

Da steckt eine Menge drin. Zunächst werden mehrere Symbole übereinander gelagert, die den überraschten Zustand eines Menschen erklären, der ohne Glauben die Todesgrenze überschritten hat. Alles, was vorher für ihn real war, Sonne und Sterne, Berge und Körper, seine persönliche Macht oder Ohnmacht auf Erden, Würde oder Schande, Reichtum oder Armut – alles ist weg. Er wacht auf in einer anderen Welt, womit er nicht gerechnet hat. Vielleicht gehörte er zu denen, die gern gespottet hatten: Nach dem Tode sehe ich nur noch die Radieschen von unten. Kein Jenseits – kein Gericht. Keine Konsequenzen dafür, wie er gelebt hat. Und nun ist die alte Realität verschwunden, und eine neue, unerwartete nimmt ihren Platz ein. Er hat ein Bewusstsein, aber keinen physischen Körper mehr, der ihn vorher wie eine Illusion geschützt hatte. Und er sagt keinesfalls: »Hurra, ich lebe noch!« Denn er begreift sehr schnell: Wenn es weitergeht, dann gibt es auch ein Gericht, vor dem er nicht bestehen kann. Er wünscht sich einen neuen Körper, am besten gleich ein ganzer Felsen. *Berge, fallet über uns.* So sieht ein Leben nach dem Tode aus, das man nicht erwartet hat. Es ist keine freudige Überraschung.

Das irdische Leben mit allen seinen Möglichkeiten liegt hinter ihnen, wesentliche Chancen für das nachfolgende Leben auf der anderen Seite wurden jedoch versäumt. Blitzschnell erkennen sie es jetzt. Und vielleicht zum ersten Mal – fürchten sie Gott. Das Gericht wird gerecht sein und solange die Erde steht, mögen sie neue Chancen bekommen. Aber diese vorletzte haben sie vertan. Eine schmerzliche Erkenntnis. Nicht umsonst heißt es: *Herr, lehre uns bedenken, dass wir sterben müssen.*

Jetzt kommen zwei Zwischenstücke, die in der Offenbarung stets genauso wichtig sind wie der fortlaufende Text. Trotzdem macht diese Bezeichnung klar, dass hier ein Prozess entweder unterbrochen wird oder auf einer anderen Ebene parallel weiter läuft. Die folgenden beiden Zwischenstücke vor dem siebenten Siegel sind außerordentlich wichtig.

Erstes Zwischenstück
Die Bezeichnung der aus Israel Erwählten mit dem göttlichen Siegel

> Darnach sah ich vier Engel an den vier Ecken der Erde stehen und die vier Winde der Erde festhalten, damit kein Wind wehe über die Erde noch über das Meer, noch über irgendeinen Baum. Und ich sah einen andern Engel vom Aufgang der Sonne heraufsteigen, der das Siegel des lebendigen Gottes hatte; und er rief mit lauter Stimme den vier Engeln zu, denen Macht gegeben war, der Erde und dem Meer Schaden zuzufügen, und sprach: Füget der Erde keinen Schaden zu noch dem Meer noch den Bäumen, bis wir die Knechte unsres Gottes an ihren Stirnen mit dem Siegel bezeichnet haben! Und ich hörte die Zahl der mit dem Siegel bezeichneten: 144.000 Bezeichnete aus allen Stämmen der Söhne Israels: Aus dem Stamm Juda zwölftausend Bezeichnete, aus dem Stamm Ruben zwölftausend, aus dem Stamm Gad zwölftausend, aus dem Stamm Asser zwölftausend, aus dem Stamm Naphtali zwölftausend, aus dem Stamm Manasse zwölftausend, aus dem Stamm Simeon zwölftausend, aus dem Stamm Levi zwölftausend, aus dem Stamm Issaschar zwölftausend, aus dem Stamm Sebulon zwölftausend, aus dem Stamm Joseph zwölftausend, aus dem Stamm Benjamin zwölftausend Bezeichnete.

Alle Winde stehen still, es ist, als ob der ganze Himmel den Atem anhält. Denn diese Sterbenden, die gerade die Erde verlassen, werden mit dem Siegel Gottes an der Stirn versehen und steigen direkt in den Himmel auf. Der Erde soll kein Schaden dadurch entstehen. Dann müssen neue Seelen von dieser Qualität geboren werden. Davon erfahren wir mehr bei den sieben Posaunen. Diejenigen, die jetzt das Siegel bekommen, gehören nach den Sendschreiben also zur sechsten Stufe Philadelphia, denn erst dort wird das Siegel Gottes verliehen, zusammen mit der Bestätigung, dass sie nun ein Pfeiler im Tempel Gottes sein werden und nicht mehr hinausgehen müssen. (Aber sie dürfen, wenn sie wollen, denn sie bekommen gleichzeitig die Schlüssel Davids!) Wir sehen hier eine klare Übereinstimmung des sechsten Sendschreibens und des sechsten Siegels, zu dem dieser Teil noch gehört.

Nun kommen wir zu den Namen. Alle Stämme Israels! Das bedeutet Gottesstreiter. Die Söhne Jakobs werden hier durcheinander aufgezählt. Wir haben in der Bibel drei unterschiedliche Aufzählungen des Zwölferkreises der Stämme Israels. Als sich der Vater Jakob, der selbst ein Israel wurde, auf seinen Tod vorbereitete (er war mit ihnen schon in Ägypten bei Joseph), segnete er sie wie es Brauch war in der Reihenfolge ihrer Geburt: RUBEN (sehet ein Sohn), SIMEON (Erhörung), LEVI (Anhänglichkeit), JUDA (Preis, Lob), SEBULON (Wohnung), ISSASCHAR (er wird durch Lohn erkauft), DAN (Richter), GAD (Glück), ASSER (Glückseligkeit), NAPHTALI (der Erkämpfte), JOSEPH (er nimmt hinweg – er füge hinzu), BENJAMIN (Sohn des Glückes).

400 Jahre später, als Moses am Ende der Wüstenreise sich auf seinen Tod vorbereitet, segnet er die Stämme in einer neuen Reihenfolge: RUBEN, JUDA, LEVI, BENJAMIN, anstelle von Joseph seine beiden Söhne EPHRAIM und MANASSE, SEBULON, ISSASCHAR, GAD, DAN, NAPHTALI, ASSER. Der jeweilige Segen Moses lässt schon etwas über ihre Schicksale und ihre geistliche Bestimmungen erkennen. Simeon entfällt in dieser Aufzählung, ebenso Joseph (5. Mose, Kapitel 33).

Und nun die dritte Aufzählung der Versiegelten im Himmel, die innerhalb ihrer vorgezeichneten Ahnenlinien eine überreiche Ernte auf der Erde erbracht haben: 144.000, das sind zwölfmal zwölf, also keine Verdoppelung oder Verdreifachung der Erblasser, sondern eine Potenzierung: die Zwölf mit sich selbst malgenommen. Das ist ein Hinweis darauf, dass jeder Gottesstreiter eine solche Vermehrung seiner Kraft erwarten kann; das ist ein göttliches Gesetz. In der dritten Aufzählung ist Simeon wieder dabei (er war der Hauptschuldige für den Verkauf Josephs nach Ägypten und der nachfolgenden vierhundertjährigen Sklaverei); auch Joseph ist wieder dabei, aber Ephraim entfällt. Darüber kann man sich viele Gedanken machen. Es erfordert ein gründliches Studium der Schicksale aller zwölf Stämme. Hier steht nun JUDA, der Stamm von Jesus, als Weltenrichter an erster Stelle, dafür entfällt DAN, dessen Name »Richter« bedeutet.

In der letzten Aufzählung jedoch sollten wir uns daher an die Bedeutung der Namen halten (die ich in Klammern hinter die Namen gesetzt habe), noch mehr aber an die Zahl zwölf. In unserer Zeit sind nahezu jedem Menschen die zwölf Sternbilder und ihre Charakterbilder ein Begriff; auch wenn sie sich sonst nicht für unsere Themen interessieren. Fast jeder weiß, unter welchem Sternbild er geboren ist und welche Typen man dem zuordnet. Wir sollten uns einmal klar machen, dass die Gottesstreiter in allen Völkern, auch wenn sie durch ihr Erbe gut darauf vorbereitet wurden, doch alle Charaktere aufweisen, die es gibt. Das zeigt die verschiedenen Möglichkeiten, für Gott zu streiten und zu leben, je nach dem persönlichen Muster der Menschen. Ihre potenzierte Ernte ist ihnen sicher, ganz gleich, ob sie sanfte oder harte Streiter sind, tänzerisch leicht oder mathematisch ernst und genau.

An diesen Aufzählungen lässt sich ablesen, dass jeder Mensch erreichbar ist und selber einen Platz und besondere Aufgaben in der großen himmlischen Familie finden kann, so wie es seinen Neigungen und Fähigkeiten entspricht. Diejenigen jedoch, die hier mit dem Siegel Gottes versehen wurden, sind in der sechsten Stufe Philadelphia und somit im Himmel aufgenommen. Die irdischen Schicksalslinien der zwölf Stämme sind zwar sehr menschlich, aber keineswegs rühmlich, einschließlich Juda, aus dem Jesus hervorgegangen ist. Denn bei der Kreuzigung haben viele aus diesem Stamm ihn verraten. Wenn wir uns jedoch ihre spirituelle Berufung anhand ihrer Namensbedeutungen klarmachen, sieht es schon anders aus. Hierzu ein sehr prophetisches Wort von Jesus: *Viele sind berufen, doch nur wenige sind auserwählt* (Matth. 22,14).

Wir kommen nun zu dem besonders schönen zweiten Zwischenstück, bevor das siebente Siegel eröffnet werden kann.

Zweites Zwischenstück
Die unzählbare Schar der Märtyrer aus allen Völkern

> Darnach schaute ich auf, und siehe da, eine große Menge, die niemand zählen konnte, aus allen Nationen und Stämmen und Völkern und Sprachen, die vor dem Thron und vor dem Lamm stand, angetan mit weißen Kleidern, und Palmen in ihren Händen. Und sie riefen mit lauter Stimme: »Heil unsrem Gott, der auf dem Throne sitzt, und dem Lamm!« Und alle Engel standen rings um den Thron und um die Ältesten und um die vier Wesen, und sie warfen sich vor dem Thron auf ihr Angesicht und beteten Gott an und sprachen: »Amen! Das Lob und der Ruhm und die Weisheit und die Danksagung und die Ehre gebührt unsrem Gott in alle Ewigkeit. Amen.«

Hier rundet und vollendet sich die Schöpfung, das ganze gewaltige Gottesprogramm, die nicht immer einfache Liebesgeschichte zwischen dem Schöpfer und seinen Geschöpfen. Es fällt auf, dass der Lobgesang der Erlösten mit *Amen* beginnt und auch endet. Sie wussten, dass sie am Ende ihrer kosmischen Reise angekommen waren. Betrachten wir noch einmal, woher sie kommen. Da sind Nationen, meistens ein Gemisch aus vielen Volksgruppen. Ein Staatenbund, würde man heute sagen. Dann die Stämme, das sind die kleinsten Gruppen. Sie können Naturvölker sein, die noch im Urwald und auf entlegenen Inseln leben. Dann Völker. Das sind kulturelle Gemeinschaften, oft mit uralten Traditionen und Religionen. Und schließlich Sprachen. Eine willkürlich entstandene Gruppe, die durch die Einigung auf eine gemeinsame Sprache zu einer neuen Einheit findet, wie zum Beispiel die Einwanderer in den USA. Diese Genauigkeit verhindert, dass sich Gruppen und

Völker vor anderen bevorzugt fühlen können. Diese Schar wurde aus allen möglichen Einheiten gesammelt. Und das ist sehr wichtig für jeden Menschen, der auf Erden lebt. Nun weiter im Text:

> Und einer von den Ältesten begann und sagte zu mir: Diese, die mit den weißen Kleidern angetan sind, wer sind sie und woher sind sie gekommen? Und ich sagte zu ihm: Mein Herr, du weißt es!
> Da sagte er zu mir: Das sind die, welche aus der großen Trübsal kommen und ihre Kleider gewaschen und sie weiß gemacht haben im Blut des Lammes. Deshalb sind sie vor dem Throne Gottes und dienen ihm Tag und Nacht in seinem Tempel, und der auf dem Thron sitzt, wird über ihnen wohnen. Sie werden nicht mehr hungern und werden nicht mehr dürsten, und die Sonne wird sie nicht treffen noch irgendeine Glut. Denn das Lamm, das mitten vor dem Throne steht, wird sie weiden und sie zu Wasserquellen des ewigen Lebens leiten; und Gott wird abwischen alle Tränen von ihren Augen.

Hier handelt es sich um Märtyrer, die ihr Leben für Christus hingegeben haben. Mit den weißen Kleidern wurden ihre Seelen gereinigt und jede Schuld getilgt. Sie können sich nun freuen; sie sind im Himmel aufgenommen und haben Teil am Jubel aller Erlösten aus allen Völkern. Sie haben das Kreuzesopfer Christi für sich angenommen und voll begriffen.

Es gibt da noch einen Unterschied zu den Märtyrern im fünften Siegel, die auch unter dem Thron Gottes sind. Diese starben *um des Zeugnisses willen, das sie festhielten*. Dieser Märtyrertod wird zwar auch mit dem Aufenthalt im Himmel belohnt, jedoch wird deutlich, dass sie noch nicht so vollendet sind wie die Gruppe im sechsten Siegel. Denn sie schreien noch nach Rache und sie werden zur Geduld ermahnt. Sie sollen auf die Vollendung ihrer Nachfolger warten. Damit ändert sich ihre Blickrichtung und der Abstand von der Rache.

Die Nachfolger Christi haben das im Voraus gelernt: *..und vergib uns unsere Schuld, wie auch wir vergeben unseren Schuldigern.*

Deshalb können sie jubeln, was eine Seele mit Rachedurst im Herzen noch nicht kann.
Und nun endlich wird das letzte Siegel eröffnet.

Die Eröffnung des siebenten Siegels

> Und als es (das Lamm) das siebente Siegel öffnete, entstand eine Stille im Himmel etwa eine halbe Stunde lang.

Wir sehen hier wieder einmal, dass selbst kleinste Worte wichtige Schlüssel sein können. Auch am siebenten Schöpfungstag haben wir also eine *halbe Zeit*, und zwar in einer Gleichzeitigkeit, Ruhe und Vollendung, Jubel der Erlösten und Stille.

Menschen, die auf dem spirituellen Pfad sind, wie wir heutzutage gerne sagen, benötigen für ihre Beziehung zu Gott Zeiten der Meditation und des Gebets, was zusammen erst einen Dialog ergibt. In der Meditation lauscht man nach innen und hört zu, im Gebet redet man selbst. Anbetung, Danksagung und Bitten. Bei diesen Erfahrungen dreht man sich hinein in die Stille Gottes, die immer gegenwärtig ist. Wenn man aber Zeit zum Jubeln benötigt, ist dies genauso möglich, denn in höheren Dimensionen existiert alles gleichzeitig. Die ganze Offenbarung gewöhnt uns daran, durch das Lösen der symbolischen Schlüssel die andere Welt zu verstehen, die doch unser Ursprung und unsere künftige Heimat ist. Wer das siebente Siegel für sich selber lösen kann, hält das ganze Universum in seiner Hand. Er wird aus dem Staunen nie mehr herauskommen. Und damit kann man in dieser Welt schon anfangen. Der Apostel Paulus nennt das *eine Anzahlung auf himmlische Freuden*. Er hat es verstanden. Er gehört ja auch zu der himmlischen Jubelschar.

Das war es schon, das siebente Siegel. Die Vollendung der Schöpfung. Verblüffend kurz. Aber gerade deshalb müssen wir es uns noch genauer ansehen. Was hier auffällt, ist die *halbe Stunde,* und das Wörtchen *etwa* dürfen wir auch nicht übersehen. Es drückt eine Unbestimmtheit aus, die wir nicht mit unserer Uhr vergleichen dürfen, denn hier geht es um eine höhere Dimension. Wir haben sie in der Bibel auch schon einmal getroffen, ganz am Anfang, im siebenten Schöpfungstag! Dort heißt es:

> *Und Gott vollendete am siebenten Tag sein Werk, das er gemacht hatte, und er ruhte am siebenten Tag von all seinem Werke, das er gemacht hatte. Und Gott segnete den siebenten Tag und heiligte ihn; denn an ihm hat Gott geruht von all seinem Werke, das er geschaffen und vollbracht hat.*

Auch hier, in der Hälfte des siebenten Schöpfungstages kommt alles zur Vollendung, und zur anderen Hälfte ruht Gott aus. Und diese geteilte und doch gleichzeitige Erfahrung finden wir am Ende der Bibel in der Offenbarung wieder. Ein Hinweis mehr auf die vollkommene Einheit dieses außerordentlichen Werkes, welches in Jahrtausenden entstand und doch zu einer höchsten Komposition zusammenfand. Das allein ist schon ein Wunder, denn keiner der vielen beteiligten Schreiber und Propheten konnte ahnen, dass er einen Beitrag zum größten Bestseller aller Zeiten beisteuerte.

Dies ist mit menschlichen Maßstäben nicht mehr zu erklären.

In den *sieben Siegeln* sahen wir Leben und Tod der Menschen auf der Erde, mit ganz unterschiedlichen Todesarten in den Siegeln 2, 3, 4. Dann kam der Übergang nach dem Tode in verschiedene jenseitige Welten, je nach dem Zustand der einzelnen Seele.

Nun folgt mit den *sieben Posaunen* das genaue Gegenstück zu den Siegeln, nämlich die Geburten ganz unterschiedlicher Seelen auf der Erde, ihre Charaktere, ihre möglichen Schicksale und ihre Berufungen.

Die sieben Posaunen

Offenbarung
Kapitel 8 bis 11

Betrachten wir zur Einführung erst wieder das Pyramidenprinzip in der Bibel, welches auch in der Offenbarung in den vier Siebenheiten sichtbar wird:

1. *Die sieben Sendschreiben* an die Engel, ausgelegt als geistige Stufenleiter vom Zeitpunkt der Bekehrung eines Menschen bis zur Vereinigung mit Christus in der Vollendung.
2. *Die sieben Siegel*, Darstellung der möglichen Todesarten der lebenden Menschen auf der Erde, symbolisiert durch die vier apokalyptischen Reiter, und anschließend die möglichen Übergänge in verschiedene jenseitige Räume, je nach Entwicklungsstand der einzelnen Seele.
3. *Die sieben Posaunen*, Inkarnationen von Seelen in dieser Welt mit unterschiedlichster Qualität und Entwicklungsstufe, einschließlich von Heiligen und Dämonen.
4. *Die sieben Zornschalen*, Schicksale und Prüfungen der Lebenden auf der Erde, bis zur endgültigen Erlösung und Belohnung im Himmel. Zugleich Prüfung für Verständnis und Erbarmen.

Erst wenn wir alle vier Siebenheiten gründlich studiert und in ihrem Zusammenhang verstanden haben, öffnet sich uns das ganze gewaltige Gebäude des Gottesplanes zur Erschaffung, Erziehung und Vollendung der Menschheit.

Die sieben Posaunen sind nun die dritte Seite unserer Pyramide, deren Spitze von jeder Seite aus die Sieben ist und die Vollendung erreicht. In den Kapiteln 8–12 finden wir neben den Posaunen auch noch eine besondere Einleitung im Himmel und zwei wichtige Zwischenstücke, die für das Ganze unerlässlich sind.

Die Einleitung

> Und ich sah die sieben Engel, die vor Gott stehen; und es wurden ihnen sieben Posaunen gegeben. Und ein andrer Engel kam und trat an den Altar, und er hatte ein goldenes Rauchfass: und es wurde ihm viel Räucherwerk gegeben, damit er es zugunsten der Erfüllung der Gebete aller Heiligen auf den goldenen Altar legte, der vor dem Throne steht. Und der Rauch des Räucherwerks zugunsten der Gebete der Heiligen stieg auf aus der Hand des Engels vor Gott. Und der Engel nahm das Rauchfass und füllte es aus dem Feuer des Altars und warf es auf die Erde, und es entstanden Donnerschläge und Stimmen und Blitze und ein Erdbeben. Da machten sich die sieben Engel, die die sieben Posaunen hatten, bereit, zu posaunen.

Bevor wir uns den folgenden sieben Posaunen zuwenden können als Darstellung der Inkarnationen der Menschen auf dieser Erde in sehr unterschiedlicher Qualität der Seelen, welche Schicksale, Prüfungen und Lebenswege sie auch nehmen werden, kommt in der Einleitung ein anderer Engel mit dem Rauchfass, in welchem die Gebete der Heiligen gesammelt sind, und tritt vor Gott. Die Menschen, welche durch ihren Glauben im Christuskörper aufgenommen wurden, sind heilig! Denn ihre Seelen wurden gereinigt. Paulus redet sie daher in manchen Apostelbriefen als »Heilige und Geliebte« an.

Ich gehe mal davon aus, das einige der gesammelten Gebete vor allem die der Mütter für ihre Kinder waren. Sowohl die Mütter aus dem vorigen Leben, die wollten, dass Gott ihnen eine neue Chance gibt, auch wenn sie noch nicht zum Glauben gefunden haben, als auch die Mütter, die jetzt das neue Kind als ihr eigenes empfangen werden. Um neue Chancen mit neuen Leben geht es bei den Posaunen hauptsächlich. So sehr ungläubige Menschen oder gar böse Menschen die Gläubigen auch quälen mögen – jemand hat für sie gebetet. Und wenn es nur ein Mensch wäre – vor Gott geht kein Gebet verloren. Und den Gläubigen nützt es, um Liebe zu üben und selbst das Beten nicht zu vernachlässigen. Nun also beginnen wir mit den Posaunen und ihrer Auslegung:

Und der erste Engel posaunte: Da entstand Hagel und Feuer, mit Blut gemischt; und wurde auf die Erde geworfen. Und der dritte Teil der Erde verbrannte, und der dritte Teil der Bäume verbrannte, und alles grüne Gras verbrannte.

Hagel und Feuer – mit Blut vermischt: also Körper, Geist und Seele. Ein ziemlich klares Bild für die Körper, die neu geboren werden (Wasser, wie Hagel in einer festen Form), die Gotteskraft, die ihnen Leben gibt (Feuer) und die Seele, welche in den neuen Körper einzieht (Blut, welches den Körper von innen erfüllt und ernährt). Aber Menschen müssen auch essen, Häuser bauen und einrichten, Vieh füttern und manches mehr. Dabei gehen schon Materialien der Erde in den Verbrauch. Ein Drittel der Erde wird mit Häusern zugebaut, ein Drittel der Bäume geht für Holzbedarf für Möbel und Heizung drauf, und für die Menschen, welche in Wüstenregionen geboren werden, gibt es auch kein grünes Gras mehr, nur noch in kleinen Oasen. Sie werden aber auch ernährt durch Jagd, Wasserbrunnen und Handelsverbindungen mit anderen Regionen. Das sieht ganz realistisch aus. Für der Einzug der Körper auf der Erde und für ihre Grundbedürfnisse ist vorgesorgt. Das gilt für alle, ob sie gut oder böse sind.

Wenn wir einmal daran denken, wie auch kleinste Lebewesen sich auf ihren Nachwuchs vorbereiten, wie sie ihre Nester bauen und liebevoll auspolstern, so ist wohl der Nestbau für die erwarteten Menschenkinder auch gesichert. Das ist aber erst die Vorbereitung für die Körper, die wir gern den Müttern überlassen können.

Nun geht es weiter mit dem Nestbau für die Seelen. Dabei geht es um ihr Umfeld für Gedanken, Kulturen und Weltbilder und Sprachen.

Und der zweite Engel posaunte: Da wurde etwas wie ein großer, in Feuer brennender Berg ins Meer geworfen: Und der dritte Teil des Meeres wurde Blut. Und der dritte Teil der Geschöpfe im Meer, die Leben hatten, und der dritte Teil der Schiffe ging zugrunde.

Nun wird es schon geistlich. Die Bibel gibt uns zwar nur selten die Auslegung dazu, jedoch eine Formulierung »etwas wie…«

erinnert uns daran, dass es hier etwas auszulegen gibt. Feuer steht meistens für Geist. Und da hat so jeder Mensch seinen eigenen Berg, in welchen er seinen Glauben und seine Wünsche investiert und was ihm sozusagen *ins Blut geht*. Außerdem wird jeder in irgendeinen Kulturraum oder einen Religionsbereich hineingeboren. Aber nur ein Drittel nimmt es an. Es bleibt immer noch ein Spielraum für eigene Entscheidungen und neue Entwicklungen.

Der dritte Teil der Geschöpfe im Meer – das könnte wieder auf die physische Nahrungskette bezogen sein; der dritte Teil der Schiffe auf den Kampf um Raum für Nahrung. In der Symbolik der Offenbarung wechseln jedoch ganz schnell Bilder für Geistliches und materielle Beispiele des Lebens. Denn schließlich handelt es sich hier um die Inkarnationen, die ihre Lebensaufgabe in dieser Welt bestehen sollen. Also könnte man auch sagen, wenn die Menschheit das Meer darstellt, wird ein Drittel die Erfüllung seiner Lebensträume nicht erreichen (die untergegangenen Schiffe) oder ihre lebendigen Seelen werden die Kraft zu glauben und Visionen zu haben verlieren (ein Drittel der im Meer lebenden Geschöpfe stirbt). Das wird besonders deutlich bei der dritten Posaune.

> **Und der dritte Engel posaunte:** Da fiel ein großer Stern vom Himmel, brennend wie eine Fackel, und er fiel auf den dritten Teil der Flüsse und der Wasserquellen – und der Name des Sterns lautet »Wermut« – und viele der Menschen starben von den Gewässern, weil sie bitter geworden waren.

Jetzt wird es ganz geistlich. Flüsse und Quellen werden noch öfter als geistliche Nahrung für die Seelen benannt. Dieser gewaltige Stern heißt jedoch *Wermut*, welcher das Leben der Betroffenen vergiftet oder sie sogar tötet. Das Töten muss nicht unbedingt im Lebensende des Körpers liegen, sondern in einem inneren Tod durch Bitterkeit und Trauer (Jesus: *Lasst die Toten die Toten begraben*). Das steht oft in einem Zusammenhang mit dem, was ein Mensch sich als *Berg* aus der zweiten Posaune gewählt hat oder welche Weltanschauungen ihm durch Geburt aufgezwungen wurden.

Es gibt aber auch zu bedenken, dass die Fähigkeit zu trauern und deprimiert zu sein die Voraussetzung ist, Gut und Böse zu unterscheiden und zu wählen. Das kann zwar weh tun, bringt die Menschen aber weiter. Hierzu Jesaja 7,15: *Sahne und Honig wird der Knabe essen, bis er versteht, das Böse zu verwerfen und das Gute zu wählen.* Dabei steht *Sahne* für Erziehung durch Muttermilch und Liebe, *Honig* für Sammeln und Lernen von Erkenntnissen durch Lehrer.

> **Und der vierte Engel posaunte:** Da wurde der dritte Teil der Sonne und der dritte Teil des Mondes und der dritte Teil der Sterne getroffen, damit ihr dritter Teil verfinstert würde und der Tag nicht schiene seinen dritten Teil und die Nacht in gleicher Weise.
> Und ich schaute auf und hörte einen Adler, der im Zenit flog und mit lauter Stimme sprach: Wehe, wehe, wehe denen, die auf Erden wohnen, wegen der übrigen Stimmen der Posaune der drei Engel, die noch posaunen werden.

Der Vergleich mit Sonne und Mond, die je zu einem Drittel am Tag nicht scheinen, ist wieder zunächst sehr realistisch. Aber hier dürfte schon wieder der Übergang in die Symbolik sein, nämlich die Berge, die eigenen Sterne oder Ziele im Leben, die Wünsche, Ängste, aufgesetzte Glaubensrichtungen, Lebenserwartungen jeder Art – werden verfinstert. Und zwar sowohl am Tag wie in der Nacht. Jeder Mensch in dieser Welt erfährt dunkle Stunden durch Belastungen, Verluste, Trauer und Druck. Etwa zu einem Drittel seiner Zeit. Aber das erwartet jeden Menschen, der in diese Welt kommt. Nur so kann er lernen und über die Paradiese hinaus in die himmlischen Welten aufsteigen. Das ist der göttliche Nestbau für die mit Liebe erwarteten Babys in allen Völkern der Erde. Für das leibliche Wohl mögen die Eltern und die Gesellschaft sorgen, in die sie hineingeboren werden. Aber die Seelen brauchen eine Chance, die über dieses Leben hinausführt. Hierzu Johannes 1,12: *So viele I h n aber aufnahmen, denen gab er ein Anrecht darauf, Gottes Kinder zu w e r d e n.*

Bei der zweiten und dritten Posaune sahen wir die großflächigen Emotionen für Begeisterungen und Depressionen, die viele Menschen zusammenschließen. Bei der vierten Posaune kommt der individuelle Charakter hinzu, der durch eigene Entscheidungen die großen Linien durchbrechen kann und damit sein Schicksal verändert. Denken wir mal an ein Kriegsheer mit Kampfbereitschaft und Begeisterung für den Kampf und dazwischen einige Kriegsdienstverweigerer, die sogar ihr Leben einsetzen, um für ihre persönliche Entscheidung zu kämpfen.

Oder stellen wir uns eine Zeit bitterer Not vor, bis hin zur Hungersnot, und dazwischen einen Visionär wie Joseph in Ägypten, der in seiner persönlichen Voraussicht die richtigen Maßnahmen ergriff, selbst gegen den allgemeinen Augenschein.

Immer wieder wird bei allen Voraussagungen der Posaunen *ein Drittel* betroffen. Es bleiben stets Auswege, sowohl für die großen Gruppen und Glaubensgemeinschaften, als auch für die Individualisten, die nicht mit dem Strom schwimmen und so die notwendigen Veränderungen vorbereiten. Allerdings dürfen wir nicht vergessen, dass dies sowohl für die positiven als auch für die negativen Kräfte möglich ist, denn der Kampf zwischen Gut und Böse wird sowohl großräumig geführt, als auch im täglichen Leben zwischen Menschen. Und sogar in jeder einzelnen Seele.

Aus den ersten beiden Siebenheiten der Offenbarung, die wir als Seiten der Pyramide aus allen vier Seiten betrachten wollen (die sieben Sendschreiben und die sieben Siegel), wissen wir, dass jeweils die ersten vier Stufen sich auf der Erde abspielen, während die letzten drei sich auf jenseitige Räume (Paradiese, Himmel, Höllen, Totenwelten) beziehen. Der Adler im Zenit weist darauf hin, dass es jetzt richtig los geht, eben in der Verbindung von Jenseits und Diesseits, welches für die Bewohner der Erde ziemlich hart werden kann. Nun geht es los mit den Geburten auf der Erde:

> **Und der fünfte Engel posaunte:** Da sah ich einen Stern, der vom Himmel auf die Erde gefallen war, und es wurde ihm der Schlüssel zum Schlunde der Unterwelt gegeben. Und er öffnete den Schlund der Unterwelt, und aus dem Schlund stieg Rauch empor wie Rauch eines großen Ofens,

und die Sonne und die Luft wurden verfinstert von dem Rauch des Schlundes. Und aus dem Rauch kamen Heuschrecken heraus auf die Erde, und es wurde ihnen Macht gegeben, wie die Skorpione der Erde Macht haben. Und es wurde ihnen gesagt, dass sie dem Gras der Erde keinen Schaden zufügen sollten, noch irgendetwas Grünem, noch irgendeinem Baum, sondern nur den Menschen, die nicht das Siegel Gottes an der Stirn haben.

Also: Ein Stern fällt vom Himmel. Es wird ausdrücklich nicht Engel gesagt, was in der Offenbarung sonst stets ganz klar ist. Es handelt sich jedoch um ein Wesen, welches im Himmel wohnt und Schlüssel für einen Teil der Unterwelt bekommt, um sie zu öffnen. Bei der Unterwelt es handelt sich um den Aufenthalt von Toten von der Erde, dazu gehören sowohl die Gläubigen auf den Stufen 1–5 als auch diejenigen, die noch nicht geistlich erwacht sind (denn sie haben noch nicht das Siegel Gottes an der Stirn, welches erst auf der 6. Stufe verliehen wird). Die Anfänger auf dem spirituellen Weg mit Christus bekommen bereits auf der ersten Stufen den *...Apfel vom Baum des Lebens, der im Paradiese Gottes steht*. Daraus können wir schließen, dass die Totenwelten (die hier als Unterwelt bezeichnet werden), dunkle und hellere Räume einschließen, Paradiese und Höllen, genau wie in der griechischen Mythologie. Jedoch sind sie außerhalb der himmlischen Welten, die Jesus stets im Plural nennt: *die Reiche der Himmel*. Die Inhaber der 1.–5. Stufe haben zwar noch nicht das Siegel Gottes an der Stirn, jedoch kommen sie aus helleren Totenwelten zurück. Dies ist ein Hinweis auf den selten beachteten Unterschied zwischen dem ersten und dem zweiten Schöpfungstag am Anfang der Bibel.

Erinnern wir uns hier einmal an die Stufenleiter der sieben Sendschreiben. Erst auf der sechsten Stufe wird den Menschen versprochen, dass sie *nicht mehr hinausgehen* werden, jedoch die Schlüssel Davids bekommen. Sie können sich also inkarnieren, wenn sie wollen oder wenn ihre Liebe sie dazu treibt. Diese Stufe heißt Philadelphia und bedeutet Bruderliebe. Auf der fünften Stufe Sardes sind es nur einige wenige, die im Himmel aufgenommen werden, denn sie haben ihren Lauf auf der Erde noch nicht vollendet. Und die siebente Stufe – Laodicea – ist die letzte Vereinigung mit Christus in höchster Vollendung. Wer hier ankommt, nimmt mit Christus Teil am Gericht Gottes über die Menschheit. Das bedeutet auch das Aufsteigen mit Christus in die Ordnung Melchisedeks. Eine Inkarnation ist dann nicht mehr zu erwarten. Hierzu:

> Hebräerbrief 7,3: (die Ordnung Melchisedeks) *...ohne Vater, ohne Mutter, ohne Geschlecht, der weder Anfang der Tage noch ein Ende des Lebens hat, vielmehr dem Sohne Gottes ähnlich gemacht ist, bleibt Priester für immer.*
> 7,17: *...denn es wird über ihn bezeugt: Du bist Priester in Ewigkeit nach der Ordnung Melchisedeks.*

Ich denke also, der Stern, welcher hier den Teil der Unterwelt aufschließt, der Menschen herauslässt, die nicht vollendet sind und sie mit einer begrenzten Macht ausstattet, wäre der Stufe Philadelphia zuzuordnen; also den Menschen, die ihre Prüfung in Liebe und Vergebung vollkommen bestanden haben. Auch aus dieser Gruppe haben wir einige Inkarnationen zu erwarten, wie wir später noch genauer sehen werden in den Kapiteln 10, 11, 12 (Die Heiligen und ihre Feinde). Diese Seelen aus der sechsten Stufe haben gelernt zu vergeben. Sie heben den Menschen, der vor ihnen niederfällt und sich entschuldigt, weil er sie im Leben gequält und verspottet hatte, einfach auf. Für alle also, die jetzt aus der Unterwelt zurückkommen dürfen, beginnt eine neue Chance. En sehr verschleierter Hinweis auf die Geduld und Liebe Gottes für alle Menschen, die jetzt heraufkommen. Sie werden andere quälen. Und dennoch – dabei können sie selbst zu einer Umkehr kommen und die Gequälten auch. Diesen schwierigen Gedanken können wir leicht an uns selbst überprüfen, wenn wir mal überlegen, wie es uns vor unserem Erwachen erging.

Weiter in der Auslegung des ersten Abschnitts der fünften Posaune: Aus dem nunmehr geöffneten Schlund kommt Rauch hervor – die frei werdenden Seelen für die Inkarnation. Er bringt Dunkelheit mit sich, Sonne und Luft werden verfinstert. Obwohl wir täglich auf der Erde Geburten von solcher Seelenqualität bekommen, ist da doch eine göttliche Einrichtung dem vorgesetzt: Jede werdende Mutter (im Normalfall) erwartet ihr Kind mit bedingungsloser Liebe, meistens nicht wissend, welches Geschlecht es haben wird, was diese Liebe noch größer macht. Und sie bekommt ein süßes Baby in den Arm, welches leicht zu lieben ist. Bei der Geburt meines eigenen Kindes sagte eine Säuglingsschwester zu mir, dass sie bereits am Schreien der Babys einen unterschiedlichen Charakter heraushört. Denn es werden ja auch hohe Stufen hereingeholt, sogar Heilige, die freiwillig kommen, um den anderen zu dienen und zu helfen. Auf die Weise werden alle ein wenig neutralisiert, damit jedes Kind mit Liebe aufgezogen werden kann. Die Liebe Gottes und sein großer Plan mit allen seinen Geschöpfen scheint hier immer durch, auch wenn wir uns jetzt den dunklen Seelen zuwenden müssen. Diese sind jedoch weder für uns noch für sich selbst nutzlos oder überflüssig. Und sie können theoretisch in einem einzigen Leben bis zur Vollendung aufsteigen (Lukas 13: *Es sind Letzte, die werden Erste sein*).

Denken wir noch kurz an die Einleitung der Posaunen, wo Rauch vor Gott aus den Gebeten der Heiligen aufsteigt. Ein weiterer Beweis, dass in der Offenbarung gleiche Worte wie Stern oder Rauch völlig unterschiedliche Bedeutungen haben, so dass wir niemals versucht sind, uns etwa ein Symbolwörterbuch anzulegen, um dieses dann dogmatisch zu verteidigen. Die geistliche Arbeit muss immer frei sein und die Intuition, das innere Hinhorchen, muss unbelastet bleiben.

Es gibt nun noch mehr Symbole im ersten Abschnitt der fünften Posaune. Sie werden mit Heuschrecken verglichen, die jetzt hier geborenen Seelen, also sie kommen in großer Zahl wie Insekten. Sie haben eine begrenzte Macht. Alles was grün ist, also Gras, Grünes und Bäume können und dürfen sie nicht beschädigen. Wie legen wir das aus? Grünes an der Basis wächst und beginnt sich in der Natur lebendig zu erheben. Das dürften auf Menschen umgesetzt diejenigen sein, die gerade am Erwachen sind. Diese müssen geschützt und nicht zu sehr belastet werden. Und für die Lebenszeit eines Menschen, rund hundert Jahre, gehört ihnen die Erde.

Als Nächstes stechen sie wie Skorpione, und zwar nur die Menschen, die nicht das Siegel Gottes an der Stirn haben. Da gibt es also feine Zwischenstufen von Gottesferne, Spöttern, Ungläubigen und solchen, die gerade angerührt sind und nachzudenken beginnen, die also anfangen zu grünen. Wir müssen jetzt weiter gehen im Text der fünften Posaune, um noch mehr über diese Seelen zu erfahren. Denn in der Offenbarung werden an einer Stelle oft mehrere Symbole übereinander gelagert. Das ist wirklich nicht leicht zu entschlüsseln. Auch künftige Generationen werden da immer noch eine reiche Arbeit vorfinden, mit immer neu aufleuchtenden Erkenntnissen:

> Und es wurde ihnen Macht gegeben, dass sie sie nicht töteten, sondern dass sie ihnen Pein bereiten würden fünf Monate lang; und ihre Pein war wie die Pein von einem Skorpion, wenn er einen Menschen sticht. Und in jenen Tagen werden die Menschen den Tod suchen und werden ihn nicht finden, und sie werden begehren zu sterben, und der Tod flieht vor ihnen.
> Und die Gestalten, die als Heuschrecken erschienen, waren gleich Pferden, die zum Krieg gerüstet sind, und auf ihren Köpfen waren wie Kränze gleich Gold, und ihre Angesichter waren wie Angesichter von Menschen, und sie hatten Haare wie Frauenhaare, und ihre Zähne waren wie die von Löwen. Und sie hatten Panzer wie eiserne Panzer, und das Getöse ihrer Flügel war wie das Getöse von Wagen mit vielen Pferden, die in den Krieg laufen. Und sie haben Schwänze wie Skorpione und einen Stachel, und in ihren Schwänzen liegt ihre Macht, den Menschen Schaden zuzufügen fünf Monate lang.
> Sie haben über sich als König den Engel der Unterwelt; sein Name ist auf Hebräisch Abaddon, und im Griechischen hat er den Namen Apollyon. Das eine Wehe ist vorüber. Es kommen noch zwei Wehe nachher.

Ein wirklich schwieriger Text. Ich denke aber, dass uns Christus in seiner Offenbarung an Johannes hier einige Hilfen gibt, die Mehrfachsymbolik richtig zu entschlüsseln. Fangen wir also an: Es handelt sich eindeutig um Menschen, denn sie haben *mensch-*

liche Angesichter. Sie haben *Frauenhaare!* Es drängt sich der Gedanke schnell auf, dass hier überwiegend die Frauen gemeint sind. Töten dürfen sie nicht, was im Rückblick auf unsere Weltgeschichte mit geringen Ausnahmen auch wahr ist; ihre Waffe ist jedoch das verletzende Wort, mit einem Skorpionstachel durchaus vergleichbar. Damit können sie anderen Menschen sehr wohl das Leben so verleiden, dass sie lieber sterben würden. Was ihnen aber nicht gelingt. Sie sind weiter wie Pferde, die zum Krieg gerüstet sind. Das Pferd ist ein dienendes Tier, welches seinen Reiter trägt. Es kämpft selbst nicht unmittelbar mit eigenem Willen zu töten. Auch dieser Vergleich stimmt sehr gut bei den Frauen. Allerdings gibt es auch Männer, auf die das zutrifft, nur eben weniger.

Interessant ist noch, dass hier wirklich ein Engel erwähnt wird, nämlich der König der Unterwelt, der diese Seelen ja freigeben musste für die Inkarnation, nachdem ein Wesen aus dem Himmel den Schlüssel für die Unterwelt erhielt. Zwischen den beiden besteht ein großer Unterschied. Ein einmaliger Auftrag für einen Gesandten und eine ständige Herrschaft im Auftrag Gottes über die Totenwelten. Dieser König überwacht die Tätigkeit dieser Seelen auf der Erde und er kann sie auch zurückholen, wenn sie es übertreiben mit ihren Quälungen. In diesem Zusammenhang möchte ich auf den dritten Apokalyptischen Reiter verweisen, im dritten Siegel, wo die Karmawaage vorkommt; und im vierten Siegel heißt es dann: *Und siehe da ein fahles Pferd, und der darauf saß, dessen Name ist der Tod, und der Herrscher des Totenreiches folgte ihm nach.*

Da ist aber noch ein zeitliches Symbol: Sie dürfen den Menschen Schaden zufügen fünf Monate lang. Wenn wir hier mal an die ersten fünf Sendschreiben denken, wo die Menschen bereits gläubig geworden sind, jedoch noch lange nicht vollendet, und selbst auf der fünften Stufe noch einmal zurückgeschickt werden müssen, um Liebe zu üben, dann müssen wir die Bezeichnung »das Siegel Gottes an der Stirn« auf die sechste Stufe verlegen, wo es ja auch klar heißt: *Ich will den Namen meines Gottes und den Namen der Stadt meines Gottes, des neuen Jerusalem schreiben, das aus dem Himmel von meinem Gott herabkommt, und meinen neuen Namen (also Christus).*

Erst auf dieser Stufe sind die Christus nachfolgenden Menschen, die längst schon Gläubige sind, wirklich Christen, und erst auf der siebenten Stufe sind sie mit Christus geistlich identisch und in die Ordnung Melchisedeks (Hebräerbrief 5, Vers 6) hinaufgerückt. Dann sind sie wirklich Vollendete im ewigen Leben.

Und genau betrachtet ist das sehr verständlich. Es gäbe für die Gläubigen ja keine Prüfungen mehr, wenn sie nicht gequält und verspottet, verfolgt und sogar getötet werden könnten, manchmal auch von anderen Gläubigen, denen die volle Erkenntnis noch fehlt (siehe viertes Sendschreiben an Thyatira).

Nun hat der Adler aus der vierten Posaune darauf hingewiesen, dass die Sache noch schlimmer wird mit den nachfolgenden drei Posaunen, von denen wir eine nun schon kennen. Also gehen wir weiter zur sechsten Posaune, die zur fünften eine sehr logische Ergänzung ist:

> **Und der sechste Engel posaunte:** Da hörte ich eine Stimme aus den vier Hörnern des goldenen Altars, der vor Gott steht, die sagte zu dem sechsten Engel, der die Posaune hatte: Binde die vier Engel los, die an dem großen Strom Euphrat gebunden sind! Da wurden die vier Engel losgebunden, die sich auf die Stunde, und den Tag und den Monat und das Jahr bereitgemacht hatten, um den dritten Teil der Menschen zu töten. Und die Zahl der Kriegsheere zu Pferd war zwanzigtausendmal zehntausend; ich hörte ihre Zahl, und ich sah in dem Gesichte die Pferde und die, welche darauf saßen, so: Sie hatten feuerrote und dunkelfarbige und schwefelgelbe Panzer, und die Köpfe der Pferde waren wie Köpfe von Löwen, und aus ihren Mäulern kam Feuer und Rauch und Schwefel heraus.
>
> Durch diese drei Plagen wurde der dritte Teil der Menschen getötet: durch das Feuer und den Rauch und den Schwefel, der *aus* ihren Mäulern herauskam. Denn die Macht der Pferde liegt in ihrem Maul und in ihren Schwänzen; ihre Schwänze nämlich sind gleich Schlangen und haben Köpfe, und mit diesen fügen sie Schaden zu.
>
> Und die übrigen Menschen, die durch diese Plagen nicht getötet wurden, taten nicht einmal Buße von den Werken

ihrer Hände, sodass sie die Dämonen und die goldenen und die silbernen und die ehernen und die steinernen und die hölzernen Götzen nicht mehr angebetet hätten, die weder sehen noch hören noch gehen können, und taten nicht Buße von ihren Mordtaten noch von ihren Zaubereien, noch von ihrer Unzucht, noch von ihren Diebstählen.

Ein Kapitel mit vielen überlagerten Symbolen. Also müssen wir ganz genau vorgehen. Die vier Hörner des goldenen Altars vor Gott: Da gibt es die Geschichte in der Bibel, dass Verfolgte im Tempel die Hörner zu erreichen suchen, um dann von Verfolgung frei zu sein. Ebenso den Hinweis von Hesekiel auf die vier Vorhöflein, die allen vier Toren des Tempels vorgelagert sind. Aus diesen Hörnern heraus kommt nun der Befehl an den Engel, in die sechste Posaune zu blasen. Und diese Posaune befiehlt, vier Engel vom Euphrat loszubinden, die zeitgenau zu ihrer Bestimmung Kriege auf der Erde beginnen.

Hier müssen wir schon anhalten und überlegen. Euphrat bedeutet Süßwasser, wir finden es zum ersten Mal in der Paradieslegende bei den vier Flüssen. Geistlich auf Seelen übertragen wäre es das Endprodukt in der Vollendung, ein Wasser, welches jeder trinken kann. Genießbare Menschen also, die freundlich miteinander umgehen und sich nicht bekriegen. Aber so weit ist die Welt noch nicht. Die großen Bewährungsproben kommen immer wieder durch Leid und Schrecken, von den Menschen selbst ausgelöst, die als Einzelne nur selten so kämpferisch sind wie als Soldaten in einem Kriegsheer.

Damit kommen wir zu den Pferden. Ihre Zahl ist 200 Millionen, oder je 20.000 in 10.000 Heeren. Eine sehr große Zahl, die den Zustand der Menschengeschichte ganz generell richtig beschreibt. Ein Drittel der Menschheit wird dadurch getötet, klingt auch ganz logisch. Denn von den Gefallenen werden ja indirekt auch die Nachkommen getötet, die es sonst gäbe. Pferde sind dienende Wesen, die nicht freiwillig ausziehen. Wir hatten sie schon in der fünften Posaune, wo hauptsächlich die Frauen beschrieben waren, die selbst nicht töten. Jetzt haben wir es also überwiegend mit den Männern zu tun, welche dieses Kriegshandwerk ausüben. Aber sie sind ja auch Seelen, die denken und empfinden können, ebenso die Frauen, welche die künftigen Soldaten gebären, um sie später in den Krieg ziehen zu sehen, mit Bangen und Zittern, um schließlich ihre Söhne, Männer und Brüder zu beweinen.

Ich habe dies in Wirklichkeit in großer Zahl miterlebt und kann sehr wohl nachfühlen, dass *aus ihren Mäulern Feuer, Rauch und Schwefel* kommt, welches als Plagen für die Menschheit sichtbar wird.

Kriege entstehen aus Hass, Wut, Angst, künstlich aufgebauten Feindbildern und im Anfang auch aus trügerischer Kampfbegeisterung.

Noch einmal, wie schon in der fünften Posaune, wird auf die Macht der Mäuler und der Schwänze hingewiesen. Alles nicht verarbeitete Leid, Wut, die in nächste Generationen hinüber vererbt wird, führt folgerichtig wieder zu neuen Kriegen. Aber nicht für alle. Getötet wird zunächst mal ein Drittel, nicht immer nur physisch, sondern auch in einem verdunkelten Gemüt. Dieses wird durch die Farben *feuerrot, dunkelfarbig und schwefelgelb* sehr gut beschrieben. Dennoch, immer versuchen einige die rettenden Hörner des Gottesaltars zu erreichen, Vergebung zu üben und so selbst wieder Süßwasser zu werden.

Auch hier sehen wir, die wir im zwanzigsten Jahrhundert über längere Zeit gelebt haben, deutliche Zeichen von einer möglichen Umkehr zum Guten. In Europa konnten sich Staaten verbinden zu einer Einheit, die sich seit Jahrhunderten bekriegt hatten. Viele Tote gab es auf allen Seiten. Und es ist nicht leicht, geerbte Wut und Feindschaft abzuschütteln. Aber es ist möglich. Das ist die große Schule Gottes, durch die alle Menschen gehen, die in diese Welt kommen und ohne die es kaum möglich ist, die Seelen zu läutern und sie die höheren Stufen erreichen zu lassen.

Das Schlusswort der sechsten Posaune klingt jedoch traurig, von Gott her gesehen: Diejenigen, welche nicht durch Plagen getötet wurden (äußerlich und innerlich), also solche, an denen das Leid eines Krieges vorüber gegangen war, ohne sie direkt zu treffen – ja die taten nicht Buße von ihren Werken und ihrer falschen Anbetung von selbst gemachten Göttern. Diese werden im Text genauer benannt und sind einen extra Blick wert: *goldene, silberne, eherne, steinerne, hölzerne Götter.* Diese Symbole sind leicht zu übersetzen. Die Jagd nach Geld, persönliche Liebe, Macht, Kriegsorden, Besitz, Karriere, Häuser. Es passt überall. Und wir sehen genau, was die Gemüter der Menschen in Friedenszeiten bewegt. Auch die Materialien selbst, aus denen ihre falschen Götter gemacht sind: *Metalle, Steine, Hölzer.* Kennen wir nicht viele Menschen, die sich aus diesen Materialien Gegenstände machen, denen sie dann besondere Kräfte zuschreiben? Amulette, Bilder, jede Art von Schmuck, dem sie Zauberkräfte, Heilkräfte oder Schutzkräfte zuschreiben. Sie alle brechen permanent das zweite Gebot: *Du sollst keine anderen Götter haben neben mir!*

Aber dann gibt es noch die ganz Bösen, welche nicht Buße tun wollen von Morden, Zaubereien, Unzucht und Diebstählen. Jene Krieger, die schon mit niederen Motiven gekämpft hatten und das auch nachträglich noch nicht in ihrem Gewissen bewegen wollten. Schon der Eid auf eine Fahne ist ein Akt von Zauberei. Ich erinnere mich an den Refrain eines Kriegsliedes: »Stellt euch um die Standarte rund, die Hände schlagt um ihren Schaft; von dieser Fahne kommt die Kraft, die Burgen baut dem jungen Bund.« Sie haben nichts gelernt. Alles Leid, welches sie verursacht und selbst erlitten hatten, war umsonst. Sie erfreuen sich an Orden und Ehrentiteln aus ihren Kriegszeiten. Sie finden nicht zu dem lebendigen Gott, obwohl ihre eigenen Götzen weder sehen, hören, noch gehen können.

Wie viel Geduld muss Gott mit dieser Menschheit noch haben, wie viele Kriege in kommenden Jahrhunderten und Jahrtausenden sollen noch vergehen, bis sie lernen und aufsteigen – und zwar alle? Wenn ich den Zweiten Weltkrieg und die Vereinigung Europas nicht in meinem Leben gesehen hätte, würde ich auch verzweifeln und es in so kurzer Zeit kaum für möglich halten. Aber es war möglich. Das gibt uns viel Hoffnung für die Zukunft.

Die sieben Posaunen sind jedoch noch nicht zu Ende. Vor der siebenten Posaune und dem anschließenden 12. Kapitel, welches die hohen Inkarnationen beschreibt, kommen zwei Zwischenstücke. Diese sind in den Texten der Offenbarung eingestreut, wie zufällig und stets mit einer übergeordneten Bedeutung. Sie sind jedoch so wichtig, dass wir sie nicht einfach auslassen können. Auch das anschließende Kapitel nach der siebenten Posaune nicht.

Erstes Zwischenstück
Johannes muss ein Büchlein verschlingen (Kapitel 10)

> Und ich sah einen anderen starken Engel aus dem Himmel herabkommen, angetan mit einer Wolke, und der Regenbogen war auf seinem Haupt und sein Angesicht wie die Sonne und seine Füße wie Feuersäulen. Und er hielt in seiner Hand ein geöffnetes Büchlein. Und er setzte seinen rechten Fuß auf das Meer, den linken aber auf das Land und rief mit lauter Stimme, wie ein Löwe brüllt.
> Und als er gerufen hatte, redeten die sieben Donner ihre Worte. Und als die sieben Donner geredet hatten, wollte ich schreiben. Da hörte ich eine Stimme aus dem Himmel sagen: Versiegle, was die sieben Donner geredet haben, und schreibe es nicht auf! Und der Engel, den ich auf dem Meer und auf dem Land stehen sah, erhob seine rechte Hand zum Himmel und schwur bei dem, der in alle Ewigkeit lebt, der den Himmel geschaffen hat und was darin ist und das Meer und was darin ist: Es wird keine Zeit mehr sein, sondern in den Tagen der Stimme des siebenten Engels, wenn er posaunen wird, da ist das Geheimnis Gottes vollendet, wie er seinen Knechten, den Propheten, verkündet hat.
> Und die Stimme, die ich aus dem Himmel gehört hatte, redete abermals mit mir und sagte: Geh hin, nimm das geöffnete Büchlein in der Hand des Engels, der auf dem Meer und auf dem Land steht! Da ging ich zu dem Engel und sagte zu ihm, er solle mir das Büchlein geben. Und er sagte zu mir: Nimm und verschlinge es, und es wird dir bitter machen im Bauche; aber in deinem Munde wird es süß sein wie Honig. Und ich nahm das Büchlein aus der Hand des Engels und verschlang es; und es war in meinem Munde süß wie Honig, und als ich es verschlungen hatte, wurde es mir bitter im Bauche.
> Und man sagte zu mir: Du sollst abermals weissagen über viele Völker und Nationen und Sprachen und Könige.

Johannes, der Empfänger der Offenbarung, tritt hier noch einmal selbst in Erscheinung und schildert seine Vision mit den dazugehörigen Stimmen und Worten. So wird uns, die wir heute diesen Text lesen, verständlich gemacht, welche Wirkungen er in uns auslöst. Der Forscherdrang des Menschen wollte von jeher mehr verstehen und wissen, das ging ja im Paradies schon los mit dem Griff nach der Frucht vom Baum der *Erkenntnis von Gut und Böse.* Johannes hört nun mit (sieben) Donnerstimmen von dem Gott, der in Ewigkeit lebt, von der *Zeitlosigkeit* und von der *Vollendung des Gottesplanes,* wie zuvor durch Propheten verkündet wurde.

Das genügt eigentlich schon. Wenn die ganze Menschheit so weit wäre, würden wir es sehen, hören und fühlen. Aber die Entwicklung läuft in der Zeit, und so muss Johannes erst einmal ein Büchlein verschlingen. Das klingt so klein und harmlos; die ganze Offenbarung Christi an Johannes hat in meiner Bibel auch nur 20 Druckseiten. Und doch können alle geistlich Gelehrten der ganzen Welt damit nicht fertig werden. Kein Wunder, dass eine solche Offenbarung, wenn man sie visionär erlebt und versteht, süß wie Honig schmeckt. Das Bauchgrimmen folgt hinterher, wenn man beginnt, darüber nachzudenken, womit ein Mensch in seiner Lebenszeit kaum fertig werden kann.

Auch in unseren anderen Wissenschaften verhält es sich so. Immer wieder kommen Forscher zu Erkenntnissen über die Geheimnisse in der Natur, im Kosmos, in der atomaren Welt. Und nur selten können sie gleich damit richtig umgehen, denn die dunklen Kräfte in dieser Welt schlafen nicht. Denken wir nur mal an Einstein und seine Formel, die in kurzer Zeit zu Atombomben führte. Die Bauchschmerzen durch die Erkenntnisse über die ganze Menschheit und Gottes Gesamtplan werden dann wohl sicher noch weit stärker sein. Wir bekommen sie noch früh genug, je weiter wir auf unserem Glaubensweg voranschreiten. Johannes durfte also nicht aufschreiben, was er gehört hatte. Aber dann darf er weiter weissagen, und so kommt das Büchlein bis heute zu uns, damit wir uns damit beschäftigen dürfen.

Die Weissagung gilt für *viele Völker und Nationen und Sprachen und Könige.* Diese interessante Aufzählung deckt alles ab, was durch die Weissagung erreicht werden kann.

Zweites Zwischenstück
Die letzten Schicksale der heiligen Stadt und des Tempels
(Kapitel 11)

> Und es wurde mir ein Rohr gleich einem Stab gegeben mit den Worten: Mache dich auf und miss den Tempel Gottes und den Altar und die, welche darin anbeten, und den äußeren Vorhof des Tempels lass weg und miss ihn nicht .Denn er ist den Heiden preisgegeben, und sie werden die heilige Stadt zertreten 42 Monate lang.
> Und ich will meinen zwei Zeugen Macht verleihen, dass sie 1260 Tage lang als Propheten reden, angetan mit Trauerkleidern. Das sind die zwei Ölbäume und die zwei Leuchter, die vor dem Herrn der Erde stehen.

Hier unterbrechen wir einmal für die Auslegung, denn dieses Zwischenstück hat es in sich. Zahlen und Zeiteinheiten wie Monate, Tage usw. wechseln hier schnell und müssen immer wieder neu entschlüsselt und verglichen werden.

Zuerst aber der Tempel Gottes. Er ist kein Gebäude, das mit Händen gemacht ist, sondern eine sinnbildliche Darstellung der gesamten Gottesplanung für die Erziehung und Erlösung aller Menschen, die in diese Welt kommen. Wir finden die Beschreibung dieses Tempels sehr ausführlich bei dem Propheten Hesekiel, Kapitel 40: Dort findet man im *Tor des Ostens acht Stufen im äußeren Vorhof,* und im *Tor des Südens sieben Stufen im inneren Vorhof.* In den äußeren Vorhöfen spielen sich ganz klar die Karmaprozesse ab (Offenbarung 3. Siegel, Reiter mit Waage) und hier kann man schon an die reine Karmareligion des BUDDHA denken, die aus unserer Sicht der Erde im Osten vorherrscht. Buddha selbst lehrte den *achtfachen Pfad* bis zur Erleuchtung, der mit unendlicher Geduld durch Tausende von Leben langsam hinauf führt. Demgegenüber steht ganz klar der Weg mit Christus im Tor des Südens, im inneren Vorhof über sieben Stufen. Dieser Weg, der mit einer Bekehrung zu Gott und einer Entscheidung für den Weg mit Christus beginnt, stellt eine Erleuchtung an den Anfang durch die Geisttaufe. Ganz folgerichtig geht dieser Weg im inneren Vorhof über sieben Stufen und ist entsprechend schneller und kürzer.

Nun also in diesem Zwischenstück vor der siebenten Posaune soll der Tempel Gottes ausgemessen werden, der äußere Vorhof jedoch nicht mehr, denn der wird von den Heiden zertreten – 42 Monate lang. Teilen wir die Zahl durch 12 (bei dem Begriff Monat liegt das nahe), so kommen wir auf 3,5 Jahre. Diese Zahl treffen wir später noch öfter.

Jetzt kommen wir zu den beiden großen Zeugen Gottes, die als Propheten die Menschheit unterrichten, wobei sie Trauerkleider tragen, um den Zustand der Menschenseelen auf der Erde wohl wissend und um die auslaufende Zeit für ihre Erlösungsarbeit. Sie werden mit zwei Leuchtern verglichen und mit zwei Ölbäumen. Diese finden wir bei dem Propheten SACHARJA im vierten Kapitel. Dort heißt es im Vers 14: *Das sind die beiden Gesalbten, die vor dem Herrn der ganzen Erde stehen.*

Bei Sacharja gibt es auch Hinweise auf die Hörner und die Messschnur. Diese beiden Ölbäume reichen bis in den Himmel und leiten aus goldenen Röhren Öl von oben herab, als den Segen ihrer erleuchtenden Tätigkeiten. SACHERJA ebenso wie HESEKIEL lebten rund 600–500 vor Christus. In dieser Zeit wurde auch Prinz Siddhartha geboren, welcher später der BUDDHA wurde.

Ähnlich die Voraussage für Jesus (Matthäus 1, 1): »Maria, aus der JESUS gezeugt wurde, der der CHRISTUS genannt wird.« Ein klarer Hinweis auf die spätere Bestimmung in der Zukunft. Noch einmal eine Zahl: 1260 Tage. Wir sehen, wie locker Zeiteinheiten wechseln zwischen Monaten, Tagen und Jahren. Teilen wir aber diese Zahl durch rund 360 Tage, kommen wir wieder auf die Zahl 3,5. Wenn wir das richtig sehen, müssen wir die Zahl noch einmal treffen in ihrer endgültigen Bedeutung in der Zeit.

Diese beiden Ölbäume sind Geistkörper, in denen Millionen, sogar Milliarden von Menschenseelen durch Jahrtausende hindurch ihren Glaubensweg gemacht haben. Im Karmaweg mit Buddha in der Vorstellung von unbegrenzter Zeit, durch Tausende von Inkarnationen; im Christuskörper jedoch in dem Bewusstsein einer sofortigen Erlösung und geistlichen Reinigung der Seele, weil diese Zeit der Gnade auf der Erde zeitlich bemessen ist. Denken wir in diesem Zusammenhang auf den warnenden Hinweis von Jesus (Lukas 13, Vers 25): *Sobald der Hausherr aufgestanden ist und die Tür verschlossen hat und ihr anfangen werdet, draußen zu stehen...* Die Zeit ist also begrenzt. Und in unserem Text in der Offenbarung bei den sieben Posaunen häufen sich die Hinweise auf auslaufende Zeit. Nun finden wir die beiden Ölbäume in der Offenbarung Christi wieder, in einer endzeitlichen Bestimmung. Gehen wir jetzt weiter mit dem Text im Zwischenstück:

> Und wenn jemand ihnen Schaden zufügen will, kommt Feuer aus ihrem Munde heraus und verzehrt ihre Feinde, und wenn jemand ihnen Schaden zufügen will, muss er so getötet werden.
> Diese haben die Macht, den Himmel zu verschließen, damit kein Regen falle in den Tagen ihrer Weissagung; und sie haben Macht über die Gewässer, sie in Blut zu verwandeln, und die Erde mit jeder Plage zu schlagen, sooft sie wollen. Und wenn sie ihr Zeugnis vollendet haben, wird das Tier, das aus der Unterwelt heraufkommt, mit ihnen Krieg führen und sie besiegen und sie töten.
> Und ihre Leichname werden auf der Gasse der Großen Stadt liegen, die bei geistlicher Deutung der Namen Sodom und Ägypten heißt, in der auch ihr Herr gekreuzigt worden ist.
> Und Leute aus den Völkern und Stämmen und Sprachen und Nationen sehen ihre Leichname dreieinhalbe Tage lang und lassen es nicht zu, dass ihre Leichname in ein Grab gelegt werden. Und die Bewohner der Erde freuen sich über sie und frohlocken und werden einander Geschenke schicken; denn diese zwei Propheten peinigten die Bewohner der Erde.
> Und nach dreieinhalb Tagen kam der Geist des Lebens aus Gott in sie, und sie traten auf ihre Füße, und große Furcht überfiel die, welche sie sahen.
> Und sie hörten eine laute Stimme vom Himmel, die zu ihnen sprach: Kommet hier herauf! Da erhoben sie sich zum Himmel hinauf in der Wolke, und ihre Feinde sahen sie. Und zu jener Stunde entstand ein großes Erdbeben, und der zehnte Teil der Stadt stürzte ein; und durch das Erdbeben wurden siebentausend Personen getötet, und die Übrigen wurden voll Furcht und gaben dem Gott des Himmels die Ehre.
> Das zweite Wehe ist vorüber; siehe, das dritte Wehe kommt schnell.

Was für ein Text. Lasst es uns versuchen, ihn zu entschlüsseln. Noch einmal die beiden Ölbäume. Sie reichen bis in den Himmel hinauf, sind also Geistkörper aus Millionen von Seelen. Nach den näheren Beschreibungen können wir nur diese beiden Weltreligionen annehmen, die einen solchen gewaltigen Geistkörper gebildet haben.

Da ist zuerst 500 v. Chr. der als Kronprinz geborene Siddhartha, der, als er erwachsen wird und das Elend in der Welt sieht, sein Erbrecht verlässt und in die Armut geht, um Liebe und Demut zu predigen. Seinen Schülern und Nachfolgern verspricht er am Ende der großen Reise durch viele Inkarnationen über Jahrtausende die Erleuchtung, die im letzten Leben und in der letzten Stunde erfolgt. Dann werden sie selbst ein BUDDHA und dürfen in den Geist des Universums zurückfließen, wobei sie alle Körper und ihre Individualität abgeben. In jedem Leben müssen sie sich bemühen, durch Liebe und Mitleid ihre Seele zu veredeln und weiter aufzusteigen.

Allerdings laufen so langfristige Aufstiegsprozesse nicht ewig. Alle physischen Körper sind sterblich, der Planet und die Sonne eingeschlossen. Es wird also nötig, diesen Prozess abzukürzen.

Dann kommt JESUS. Er wählt den umgekehrten Weg: Wird in der Armut geboren und in der Anonymität einfacher Bürger, noch dazu in einem Land, welches gerade unter einer fremden Militärmacht seufzte. Als Erwachsener tritt er als Weltlehrer in Erscheinung und tut viele Wunder, die von seiner göttlichen Kraft und Vollmacht zeugen. Er verspricht seinen Nachfolgern (auch allen in der Zukunft, die sich noch diesem Geistkörper aus freiem Willen anschließen werden) eine Erleuchtung am Anfang des Weges zu Gott mit Christus: Nämlich durch die Geisttaufe, welche nach der Bekehrung erfolgen sollte. Das Karma wird sofort gelöscht durch eine Reinigung der Seele.

Hierzu Johannes 5,24: *Wer mein Wort hört und glaubt an den, der mich gesandt hat, der hat ewiges Leben und in ein Gericht kommt er nicht, sondern er ist aus dem Tod ins Leben hinüber gegangen.*

Ein gewaltiges Versprechen, welches nur den bedingungslosen Gehorsam dem Weltlehrer CHRISTUS gegenüber erfordert. Wer das

Kerngebot *Liebe Gott über alles und deinen Nächsten wie dich selbst* nicht durchhalten kann, fällt in die Karmaprozesse zurück.

Hierzu Johannes 3, 36: *Wer an den Sohn glaubt, hat ewiges Leben; wer aber dem Sohn nicht gehorcht, wird das Leben nicht sehen, sondern der Zorn Gottes bleibt über ihm.*

Hier haben wir die beiden größten und auch umfangreichsten Weltreligionen in Kurzform und in ihrer Unterschiedlichkeit. In dem Text wird ihre Macht beschrieben und auch die Tatsache, dass sie für eine Zeit sehr geschützt sind. Ihre Lehre ist wie Feuer. Aber dann, wenn sie ihr Zeugnis vollendet haben, was viele Menschen gar nicht gerne gehört hatten, kommt das Tier aus der Unterwelt herauf und sie sind nicht mehr geschützt, was auch für ihre treuen Nachfolger gilt.

Wir haben ja schon die fünfte und sechste Posaune gehört und die Seelen gesehen, die aus der Unterwelt heraufkommen. Das Tier bildet auch einen Geistkörper, einen wütenden Gegner der Gotteskörper aus Menschenseelen. Diese werden durch das »Tier« sogar besiegt und scheinbar getötet. Das ist der Antichrist oder Widerchrist, den Jesus auch schon warnend voraussagt.

Johannes gibt in seinen beiden Apostel-Briefen Hinweise. Hier einige davon:

> 1. Joh. 2/18: *Kinder, es ist die letzte Stunde, und wie Ihr gehört habt, dass der Widerchrist kommt, so sind jetzt wirklich viele Widerchristen aufgetreten.*
> 1. Joh. 1/22: *Wer ist der Lügner, wenn nicht der, welcher leugnet, dass Jesus der Christus ist?*
> 2. Joh. 7: *Denn viele Irrlehrer sind in die Welt ausgegangen, die Jesus Christus nicht als den bekennen, der im Fleisch kommt. Dies ist der Irrlehrer und der Widerchrist.*

Und Jesus selbst hierzu:

> Lukas 21,8: *Sehet zu, dass Ihr nicht irregeführt werdet, denn viele werden unter meinem Namen kommen und sagen: »Ich bin's und die Zeit ist genaht.« Laufet Ihnen nicht nach!*

Jetzt betrachten wir ein Geschehen, welches durch die ganze Zeit auf der Erde läuft und sich immer wieder anders darstellt und wiederholt. Jesus starb am Kreuz, seine ersten Nachfolger wurden in großer Zahl getötet und verfolgt. Nach einigen Atempausen in der Geschichte begannen neue Angriffe, Verfolgungen, Verzerrungen der reinen Lehre. Die Nachfolger Buddhas lebten relativ friedlich, durch sie entstanden auch keine Kriege. Aber im zwanzigsten Jahrhundert wurden auch sie der Verfolgung preisgegeben.

Nun kommen wir zu den 3,5 Tagen, in denen sie (die beiden Ölbäume, die Geistkörper aus Menschenseelen im Buddha und im Christus) scheinbar tot auf der Straße lagen. Da ist die Zahl, auf die wir schon gewartet haben: eine halbe Sieben! Es werden Sodom und Ägypten in geistlicher Bedeutung erwähnt. Im ersten Fall ging es um eine extreme Verderbnis von Menschenseelen, im zweiten um rituell vollzogene Jenseitsbeschwörungen. 3,5 Tage freuten sich alle Völker, Nationen, Stämme, Sprachen darüber, dass sie die beiden unbequemen Religionen endlich los waren. Sie schickten sich sogar Geschenke zur Feier dieses Sieges, so wie wir es zu Weihnachten tun.

Wann also können wir das in der Geschichte der Erdenmenschheit beobachtet haben? Nehmen wir uns mal die 3,5 vor. Wenn Menschen wirklich 3,5 *Tage* ihre Religion verlassen würden, wer würde es merken? Also Wochen oder Monate oder 3,5 Jahre? Das wäre immer noch zu wenig. Also gehen wir die Sache anders an: Wo wurden diese beiden Religionen ausgerottet, verfolgt, verspottet und endlich verboten? Dies geschah doch im 20. Jahrhundert unter dem Kommunismus! Vor allem in Russland! Insgesamt 70 Jahre lang. Die Kirchen brannten ab, Priester wurden getötet und dem Volk wurde der Slogan eingeübt: *Mach's hier auf Erden gut und schön, im Himmel gibt's kein Wiedersehen.* Nun kann man keinem Volk einen stark befestigten Glauben über Nacht abgewöhnen. Eine Generation würde darüber schon hingehen, sagen wir ruhig: 35 Jahre. Aber dann – die nachfolgende Jugend, welche ohne Glaubenslehre aufwächst, mit der staatlich verordneten Weltanschauung und der ebenso staatlich verordneten Gottlosigkeit – die zweiten 35 Jahre würden das schaffen. Es sah so aus, als hätten die neuen Weltanschauungslehrer tatsächlich die Gotteslehrer besiegt und getötet.

Und dann kam Gorbatschow. Er selbst wurde von seinen Großeltern christlich erzogen, ganz geheim.

Kaum an der Macht, beendete er die Christenverfolgung und innerhalb von ACHT Tagen waren die Kirchen in Russland wieder voll. Dies hat sich fast vor unseren Augen abgespielt. Und die ganze Welt staunte. Genau so beschreibt es die Offenbarung. Aber dieses Geschehen kann sich wiederholen, in immer neuen Farben und Möglichkeiten, nur im Kern stets gleich.

Übrigens – wenn wir genau hinschauen: China ist zwar noch kommunistisch, öffnet sich aber dem Weltmarkt und die Menschen bekennen sich langsam wieder zu ihrem buddhistischen Glauben.

Und nach gewaltigen Plagen durch Erdbeben und anderes geben viele Menschen wieder Gott die Ehre und besinnen sich auf ihre geistigen Wurzeln.

Nun wird es Zeit für die siebente Posaune. Wir wissen schon von den beiden anderen Siebenheiten, den Sendschreiben an die Engel und den Siegeln, dass in der Sieben endlich die Vollendung des Gottesplanes erreicht wird. Wir sollten aber nicht vergessen, dass in der vierten Posaune der Adler die letzten drei als Wehe bezeichnet. Das himmlische Abschlussfest wird also noch eine Weile warten müssen.

> **Und der siebente Engel posaunte:** Da erschollen laute Stimmen im Himmel, die sprachen: Die Herrschaft über die Welt ist unserem Herrn und seinem Gesalbten zuteil geworden, und er wird herrschen in alle Ewigkeit.
> Und die 24 Ältesten, die vor Gott auf ihren Thronen saßen, warfen sich auf ihr Angesicht nieder, beteten Gott an und sprachen: Wir danken dir, Herr, allmächtiger Gott, der ist und der war, dass du deine große Macht ergriffen und die Herrschaft angetreten hast. Und die Völker sind zornig geworden; da ist dein Zorn gekommen und die Zeit der Toten, dass sie gerichtet werden, und dass du den Lohn gibst deinen Knechten, den Propheten und den Heiligen unter denen, die deinen Namen fürchten, den Kleinen und den Großen, und dass du die ins Verderben bringst, die die Erde verderben. Und es öffnete sich der Tempel Gottes

im Himmel, und die Lade seines Bundes in seinem Tempel wurde sichtbar. Und es entstanden Blitze und Stimmen und Donnerschläge und ein großer Hagel.

Gott, der Schöpfer von allem, der vor der Zeit war und in der Zeit ist, wird herrschen in *alle* Ewigkeit. Grund zum Jubeln für alle, die im Himmel aufgenommen wurden.

Da sind die 24 Ältesten vor dem Thron Gottes. Die 24 ist eine Zahl der Zeit. Auch die 12 läuft durch alle unsere zeitlichen Messungen: 12 Monate, 12 Stunden Tag, 12 Stunden Nacht, 12 Stämme Israels, 12 Jünger Jesu, 12 Sternbilder in unserem Sonnensystem... es ist schon auffällig. Und Sternenzeitalter rechnen wir mit je 2000 Jahren, das sind zusammen wieder 24.000 Jahre. (Jesus sagte: Denn tausend Jahre sind wie ein Tag *und* wie eine Nachtwache).

Es kommt das Gericht mit Lohn und Strafe für die Guten und die Bösen und ganz zum Schluss, fast nebenbei – kommt ein großer Hagel. Wie wir schon wissen, hat das mit Inkarnationen zu tun, denn Hagel ist Wasser als eine individuelle Einheit, dem nur das Feuer des Geistes hinzugefügt werden muss, damit lebendiges Blut entsteht und Leben. Wer also kommt zu dieser Zeit auf die Erde? Hierzu noch einmal Lukas 13 (nachdem der Hausherr die Tür geschlossen hat und die dunklen Seelen aus der Unterwelt nicht mehr hereinkommen können): *Und sie werden von Morgen und Abend und von Mitternacht und Mittag kommen, und sich im Reiche Gottes zu Tische setzen. Und siehe, es sind Letzte, die werden Erste sein, und es sind Erste, die werden Letzte sein.*

Die sieben Posaunen sind hiermit zu Ende. Unsere Pyramide aus den vier Siebenheiten in der Offenbarung ist jedoch noch nicht vollständig.

Es fehlen noch die sieben Zornschalen. Dort finden wir im Kapitel 15, in der Einleitung zu den Zornschalen den klaren Hinweis im Vers 8: *Und der Tempel wurde voll Rauch von der Herrlichkeit Gottes und von seiner Macht, und niemand konnte in den Tempel hineingehen, bis die sieben Plagen der sieben Engel vollendet waren.* Ein Hinweis auf den Zusammenhang aller vier Siebenheiten in der Offenbarung.

Zwischen den Posaunen und den Zornschalen gibt es jedoch noch die Kapitel 12, 13 und 14, welche nicht als Zwischenstücke bezeichnet wurden, sondern als unabhängiger Text. Wir behandeln sie unter der Überschrift »Die Heiligen und ihre Feinde«. Gerade diese Kapitel beantworten alle noch offenen Fragen zu den Posaunen.

Erstens: Wo sind die Heiligen bei den Inkarnationen? Wie erkennen wir sie? Sie stehen unter Gottes besonderem Schutz und müssen bis zu ihrem Erwachsenenalter gut versteckt werden.

Zweitens: Wo sind die Teufel oder die von Dämonen Besessenen, die unsere Erde zur Hölle machen können und wollen? Wie kann man sie erkennen? Ihr Hass geht über den normaler Menschen weit hinaus. Sie planen Tod und Vernichtung wo immer sie können.

Für die richtige Einschätzung unseres zeitlichen Standorts und unserer Weltgeschichte müssen wir die folgenden drei Kapitel aufmerksam behandeln.

Die Heiligen und ihre Feinde

Offenbarung
Kapitel 12 und 13

Nach den sieben Posaunen in der Offenbarung, welche die hereinkommenden Seelen in diese Welt beschreiben, haben wir eine Übersicht von unterschiedlichen Qualitäten in der fünften und sechsten Posaune bekommen.

Bei der siebenten Posaune hören wir den Abschluss und die Vollendung der Menschheit, so wie auch bei den anderen drei Siebenheiten in der Offenbarung. Am Ende haben wir eine Pyramide mit vier Seiten, deren Stufen von jeder Seite bis zur siebenten hinaufführen. Wenn wir alle vier Seiten durchgenommen und gut verinnerlicht haben, können wir – jeder für sich – in aller Ruhe Stufe für Stufe von allen Seiten betrachten. Dabei gibt es dann immer noch erstaunliche Entdeckungen zu machen und manche Schwierigkeit durch die Mehrfachsymbolik einzelner Ebenen löst sich auf.

Wir haben nun in der fünften und sechsten Posaune die Menschen gesehen, die entweder noch gar nicht geistlich erwacht waren oder selbst schon als Angehörige des Christuskörpers (oder des Buddhas) sich innerhalb der ersten fünf Stufen bewegten. Männer und Frauen, Menschen, die noch Kriege führen und sich gegenseitig viel Leid zufügen, wodurch sie allerdings reifen und weiter aufsteigen können.

Bei dem Zwischenstück mit den beiden Ölbäumen sahen wir, dass auch die beiden größten Weltreligionen mit ihrem Reichtum an versammelten Seelen durch die Zeiten hindurch vorübergehend besiegt werden können und sogar wie tot erscheinen. Für den Geistkörper Buddhas kam allerdings zuvor der Hinweis, dass der äußere Vorhof im Tempel Gottes preisgegeben wurde. Er wurde von den Heiden zertrampelt. Diese Religion predigt den Aufstieg durch Karma, von Leben zu Leben eine Veredlung der Seele, durch eine fast unendliche Zeit hindurch. Und nach Hesekiel, Kapitel 40, findet der Aufstieg im Osten im äußeren Vorhof über acht Stufen statt. Buddha selbst lehrte den achtfachen Weg der Leidensvernichtung. Aber die Zeit geht zu Ende. Das ist die deutliche Warnung in den sieben Posaunen.

Der Weg mit Christus, welcher im inneren Vorhof mit sieben Stufen erfolgt (im Gegensatz zu acht Stufen im äußeren Vorhof) ist also eine Verkürzung der Menschheiterlösung, ein ganz besonderes Angebot Gottes. Die Menschen werden nun Hilfe brauchen, um diesen Weg zu erkennen und zu wählen. Und auch während sie ihn gehen, müssen sie betreut und unterstützt werden. Wo also sind ihre Helfer? Jene Menschen, die schon die sechste und siebente Stufe erreicht haben? Im sechsten Sendschreiben zu Philadelphia heißt es ganz klar: *...und sie werden nicht mehr hinausgehen.* Sie sind frei und müssen sich nicht mehr inkarnieren. Gleichzeitig bekommen sie jedoch die *Schlüssel Davids*, mit denen sie in den verschiedenen Welten ein- und ausgehen können, wenn sie sich dafür aus Liebe entscheiden. Sie werden dann auch auf der Erde Möglichkeiten finden, ein dienendes und helfendes Leben für andere zu leben. Mutter Theresa zum Beispiel war mit Sicherheit eine von diesen. Eine große Kraft ging von ihr aus und niemand konnte sie aufhalten.

Neben diesen Lichtgestalten gibt es aber auch noch die ganz Bösen. Menschen, die eine außergewöhnliche negative Energie entfalten. Diese können Kriege auslösen und viel Leid auf die Erde bringen. Auch sie hält niemand auf. Wir haben Hitler und Stalin im zwanzigsten Jahrhundert gesehen und in der Geschichte so manchen Tyrannen, der Völker überfiel und Menschen quälte.

Nach der fünften und sechsten Posaune, die sozusagen »normale« Menschen hereinholt, die noch im Wachsen begriffen sind, müssen wir nach den extremen Seelen fragen, den hellen und den dunklen, die mit außerordentlichen Kräften ausgestattet sind. Ganz folgerichtig befassen sich die nächsten zwei Kapitel 12 und 13 in der Offenbarung mit dieser Frage: Wo sind die Heiligen und ihre Feinde?

Stellen wir uns doch mal ein Schachbrett vor, wo auf beiden Seiten helle und dunkle Figuren in gleicher Zahl stehen. Die Bauern müssen ihren Weg in kleinen Schritten gehen, sie sind die Volksmenge, die bei jedem direkten Angriff vom Bauern zum Soldaten wird. Die Figur wird aus der geraden Bahn geworfen und läuft im Kampf schräg, wenn auch nur einen Schritt. Nun kommen aber die großen Figuren hinzu, jede mit eigenen Möglichkeiten und einer besonderen Ausstattung mit Macht. Sie bestimmen das Spiel im Wesentlichen, wenn sie auch die Bauern gebrauchen, um ihre Schlachten zu schlagen. Das lässt sich sehr gut mit den Heiligen und ihren Feinden unter den Menschen vergleichen. Also achten wir gut auf die Kapitel 12–14 in der Offenbarung.

Das Weib, ihr neu geborenes Kind und der Drache (Kapitel 12)

> Und ein großes Zeichen erschien im Himmel, ein Weib, angetan mit der Sonne, und der Mond unter ihren Füßen, und auf ihrem Haupt ein Kranz von zwölf Sternen, und sie ist schwanger und schreit in den Wehen und Schmerzen der Geburt. Und es erschien ein andres Zeichen im Himmel, und siehe da, ein feuerroter großer Drache, der sieben Köpfe und zehn Hörner und auf seinem Kopf sieben Kronen hatte. Und sein Schwanz zog den dritten Teil der Sterne des Himmels nach sich; und er warf sie auf die Erde. Und der Drache stand vor dem Weibe, das gebären sollte, um, wenn sie geboren hätte, ihr Kind zu verschlingen.
> Und sie gebar einen Sohn, einen Knaben, der *alle Heiden weiden soll mit eisernem Stabe*; und ihr Kind wurde entrückt zu Gott und zu seinem Thron. Und das Weib floh in die Wüste, wo sie eine Stätte hat, die von Gott bereitet ist, damit man sie dort ernähre 1260 Tage.

Hier unterbrechen wir für die Auslegung. Es geht um hohe Geburten auf der Erde. Menschenseelen, die bereits heilig und erlöst sind, die als Helfer Gottes für die übrige Menschheit herunterkommen, um sie *zu weiden mit eisernem Stabe*. Siehe Sendschreiben 4 an Thyatira.

Der Satan und seine Nachfolger – ein Drittel der ursprünglichen Engel des Himmels, genau wie Luzifer selbst – versuchen diese Geburten abzupassen und sofort zu vernichten. Aber natürlich stehen sie unter Gottes Schutz. Das Weib wird entrückt in die Wüste...

Denken wir mal an die Geburt von Jesus. Zunächst wurde Maria herausgenommen aus ihrer vertrauten Umgebung, wo sie jeder kannte. Das Gebot des Kaiser Augustus machte dies möglich. Dann erfolge die Geburt in Armut, in einer Zeit, wo durch das ganze Land alle Menschen herumwanderten und jede Herberge überfüllt war. Also in völliger Anonymität. Von Gott ebenfalls geführte Gäste wie die Hirten oder die drei heiligen Könige konnten sie finden, wurden aber hinterher durch einen Engel einen anderen Weg zurückgeleitet. Maria und Josef mit dem Jesuskind wurden zu einer Flucht nach Ägypten veranlasst, was in dem Chaos leicht möglich war. Der Satan hatte keine Chance.

Also dürfen wir auch hier die *Wüste* mit einer Umgebung gleichsetzen, wo solche Geburten sich gut verstecken könnten, nämlich in der Menge, in Großstädten, unter ganz durchschnittlichen Bürgern aller Länder. *Das Kind ist entrückt zu Gott* – ein scheinbarer Widerspruch, denn es ist ja auf der Erde geboren.

Aber es kommt aus dem Himmel herab, wo die Vollendeten sich aufhalten. Es ist schon aus der Zeit, dem Werdegang der Seelen, herausgenommen. Und es kommt freiwillig, um zu helfen.

Es wird jedoch keinen Augenblick unbeschützt gelassen. Die Engel Gottes behüten es rund um die Uhr.

Und hier finden wir noch einmal einen Hinweis (wie schon im zweiten Zwischenstück der sieben Posaunen) auf die 1260 Tage. Geteilt durch rund 360 (das wären 12 Monate mit 30 Tagen pauschal gesehen) ergeben sich 3,5 – die Schlüsselzahl für die Zeit, in der die beiden großen Weltreligionen scheinbar tot sind. Umso nötiger sind diese hohen Geburten, die den Menschen helfen, diese Zeit zu überbrücken und zu Gott zurück zu finden. Also auch die noch nicht geistig erwachten Menschen und die Anfänger im Glauben und alle jene, die sich auf den ersten fünf Stufen aufhalten, in denen ihre Erkenntnisse und ihre Liebesfähigkeit noch begrenzt sind – sie werden alle nicht vergessen und ihre freiwilligen Helfer kommen in die Welt, um in Gottes Auftrag zu retten, was zu retten ist. Sie sind unbekannt unter uns, zu jeder Zeit. Oft dort, wo wir sie am wenigsten vermuten.

Nun gehen wir weiter im Text des zwölften Kapitels:

> Und es entstand Krieg im Himmel, so dass Michael und seine Engel Krieg führten mit dem Drachen. Und der Drache führte Krieg und seine Engel; und sie vermochten nicht standzuhalten, und eine Stätte für sie war im Himmel nicht mehr zu finden. Und geworfen wurde der große Drache, die alte Schlange, genannt der Teufel und der Satan, der den ganzen Erdkreis verführt, geworfen wurde er auf die Erde, und seine Engel wurden mit ihm geworfen.
> Und ich hörte eine laute Stimme im Himmel sagen: »Jetzt ist das Heil und die Kraft und die Herrschaft unsrem Gott und die Macht seinem Gesalbten zuteil geworden; denn hinabgeworfen wurde der Ankläger unsrer Brüder, der sie vor unserem Gott Tag und Nacht verklagt. Und sie haben ihn überwunden um des Blutes des Lammes und um des Wortes ihres Zeugnisses willen, und haben ihr Leben nicht lieb gehabt, sondern haben es hingegeben, bis zum Tode. Darum frohlocket, ihr Himmel, und die ihr darin wohnt! Wehe der Erde und dem Meer! Denn der Teufel ist zu euch hinabgekommen, und er hat einen großen Zorn, da er weiß, dass er nur noch eine kurze Zeit hat.«

Hier unterbrechen wir. Der Krieg zwischen Gut und Böse geht durch alle Welten: Himmel, Paradiese, Höllen und die Erde. Ein Leben auf der Erde ist verhältnismäßig kurz, aber kostbar. Alle Prozesse laufen hier schneller und die Menschen sind frei, unterscheiden zu lernen und sich zu bewähren.

Sie sind jedoch nicht allein. Um jede Seele tobt ein Kampf zwischen hellen und dunklen Geistern. In der Außenwelt und im Innern jedes Einzelnen. Damit keine Missverständnisse aufkommen, wird der SATAN hier auch noch mit seinen anderen Namen genannt: DRACHE, SCHLANGE, TEUFEL. Es handelt sich immer um das große Kraftfeld des Bösen, den Satan und seine Engel, die ihm nachgefolgt sind. Aber auch die Menschen, die sich verführen lassen und sich ihm anschließen.

Und als der Drache sah, dass er auf die Erde herabgeworfen war, verfolgte er das Weib, das den Knaben geboren hatte. Und dem Weibe wurden die zwei Flügel des großen Adlers gegeben, damit sie in die Wüste flöge an ihre Stätte, eine Zeit, und zwei Zeiten, und eine halbe Zeit, fern vom Angesicht der Schlange. Und die Schlange spie aus ihrem Maul dem Weibe Wasser nach wie einen Strom, damit sie von dem Strom fortgerissen würde.
Und die Erde half dem Weibe, und die Erde tat ihren Mund auf und verschlang den Strom, den der Drache aus seinem Maul ausgespieen hatte. Und der Drache ergrimmte über das Weib und ging hin, Krieg zu führen mit den Übrigen ihrer Nachkommenschaft, die die Gebote Gottes befolgen und das Zeugnis über Jesus festhalten.

Das Kapitel 12 in der Offenbarung ist hiermit zu Ende. Aus diesem letzten Abschnitt geht klar hervor, dass es sich hier nicht nur um ein einziges heiliges Kind handelt, sondern um eine ganze Nachkommenschaft von Heiligen, die jeweils zu ihrer Zeit eine Mutter auf Erden finden, durch die sie geboren werden können. Das Weib in diesem Text ist also eine Art Übermutter, die für das Schicksal aller dieser Mütter steht: Sie müssen mit dem Kind versteckt werden. Unmittelbare Angriffe des Satans werden durch die Hilfe der Erde aufgefangen. Das ist erstaunlich. Die Erde bietet eben viele Verstecke, die einer Wüste gleich solche Inkarnationen in der Menge verbirgt, oder auf Inseln oder in unscheinbaren Dörfern, ebenso wie in gewaltigen Großstädten mit Millionen von Einwohnern.
Der Satan in seinem immer größer werdenden Zorn kann gegen den Schutz Gottes für diese Seelen nichts ausrichten. Diese Kinder werden heranwachsen und zu ihrer Zeit große Helfer der Menschheit sein.
Noch einmal treffen wir in diesem Text die Zahl 3,5: *Eine Zeit, und zwei Zeiten und eine halbe Zeit. Für diese Zeit soll sie fern bleiben vom Angesicht der Schlange.* Das garantiert den besonderen Kindern ein ruhiges Aufwachsen ohne Begegnungen

mit ihrem großen Feind, dem Satan. Die 3,5 erinnert uns zwar noch einmal an die Zeit, in der die großen Religionskörper wie tot erscheinen, also an eine periodisch besonders dunkle Zeit der Menschheit. Und natürlich benötigen sie in solchen Zeiten eine besonders starke Hilfe, direkt auf der Erde.

Da aber die 3,5 hier anders gegliedert wird, sollten wir sie noch einmal anders betrachten. 3,5 ist eine halbe Sieben. Genannt wird eine Zeit (7), und zwei Zeiten (14) und eine halbe Zeit (3,5). Betrachten wir dies als Lebensjahre der besonderen Kinder: Die ersten sieben Jahre sind die frühe Kindheit, dann kommen Pubertät und erwachsen werden – vierzehn Jahre bis 21 Jahre, und dann noch eine Grundausbildungszeit von 3,5 Jahren – zusammen etwa 24,5 Jahre. Ein sehr normaler Zeitpunkt, um einen jungen Menschen selbstständig und gut ausgerüstet in das Leben zu entlassen. Dies trifft auf viele Menschen in unserer Welt zu. Also ist auch dies ein gutes Versteck in der Menge für die besonderen Kinder. Diese werden, wenn sie nun erwachsen sind, ihre Bestimmung erkennen und mit ihren Helferdiensten beginnen. Und der Satan wird sie angreifen und es ihnen so schwer wie möglich machen. Denken wir nur mal an drei Bespiele aus dem 20. Jahrhundert: Mutter Theresa, Martin Luther King und Dietrich Bonnhöfer. Da waren aber viele mehr, die nicht erkannt wurden. Und doch waren sie aktiv und halfen außerordentlich.

Die zwei Tiere (Kapitel 13)

Wir kommen nun zu einem der schwierigsten Kapitel der Offenbarung, nämlich die zwei Tiere. Um die vorangegangenen sieben Posaunen und das zwölfte Kapitel noch besser zu verstehen, ist es notwendig, sich mit dem Bösen zu befassen, womit die Menschen auf der Erde zu kämpfen haben. Für ihren Aufstieg in die himmlische Vollendung mit Christus ist diese Arbeit notwendig.

Das Tier mit sieben Köpfen und zehn Hörnern

> Und ich trat auf den Sand des Meeres. Und ich sah aus dem Meer ein Tier heraufkommen, das zehn Hörner und sieben

Köpfe hatte und auf seinen Hörnern zehn Kronen und auf seinen Köpfen gotteslästerliche Namen.

Und das Tier, das ich sah, war ähnlich einem Panther, und seine Füße waren wie die eines Bären und sein Rachen wie der Rachen eines Löwen. Und der Drache gab ihm seine Kraft und seinen Thron und große Macht. Und ich sah einen seiner Köpfe wie zu Tode getroffen, und seine Todeswunde wurde geheilt. Und die ganze Erde sah staunend dem Tiere nach, und sie beteten den Drachen an, weil er dem Tier die Macht gegeben hatte, und beteten das Tier an und sagen: Wer ist dem Tier gleich, und wer vermag mit ihm Krieg zu führen?

Und es wurde ihm ein Maul gegeben, das große Worte und Lästerungen redete; und es wurde ihm Macht gegeben, es 42 Monate lang so zu treiben. Und es tat sein Maul auf zu Lästerungen gegen Gott, zu lästern seinen Namen und sein Zelt, nämlich die, welche im Himmel ihr Zelt haben.

Und es wurde ihm gegeben, Krieg zu führen mit den Heiligen und sie zu besiegen; und es wurde ihm Macht gegeben über alle Geschlechter und Völker und Sprachen und Nationen. Und anbeten werden ihn alle Bewohner der Erde, jeder, dessen Name von Grundlegung der Welt an nicht geschrieben steht im Lebensbuch des Lammes, das geschlachtet ist.

Wenn jemand ein Ohr hat, so höre er! Wenn jemand in Gefangenschaft führt, geht er selbst in Gefangenschaft; wenn jemand mit dem Schwerte töten wird, muss er selbst mit dem Schwerte getötet werden.

Hier ist die Standhaftigkeit und der Glaube der Heiligen vonnöten.

Dieses erste Tier ist aus Menschenseelen gebildet und es bekommt seine Macht durch den Drachen, also den Satan. Ein Geistkörper im Gegensatz zum Christuskörper (an anderer Stelle auch Antichrist genannt). Die Symbolik ist wieder mehrfach: Das Tier ist schnell wie ein Panther, stark wie ein Bär und kann brüllen wie ein Löwe aus seinem Rachen. Es verteilt sich in allen Völkern, es wird gefürchtet und bewundert. Bis zur Anbetung ist es dann nur noch ein Schritt. Gotteslästerungen kommen aus seinem

Maul. Wer den Satan bewundert, beginnt auch bald, Gott und seine Heiligen zu hassen.

Das Tier hat sieben Köpfe und zehn Hörner, die stets aus Köpfen herauswachsen. Die Hörner tragen Kronen. Ein Hinweis darauf, dass es auch innerhalb dieses dunklen Geistkörpers Uneinigkeit gibt, eigene Machtansprüche und Selbstkrönungen. Einer dieser Köpfe wird tödlich getroffen, dann aber geheilt. Auch dunkle Kräfte können sich regenerieren, wenn ihnen Macht und Anbetung zuströmt von den verführten Menschen.

Und noch etwas sehr Seltsames: Die unauslöschliche Illusion, dass man den Teufel ausrotten und ihn mit seinen eigenen Waffen schlagen könnte. Wer das versucht, wird jedoch nur auf die dunkle Seite hinüber gezogen und erleidet folgerichtig das gleiche Schicksal. Die einzige Gegenwehr, die hier siegen kann, ist die Standhaftigkeit der Heiligen, die lieber selber als Märtyrer sterben würden, als sich umdrehen zu lassen. Und sie haben das Lamm zum Vorbild, also Jesus.

Das ist noch die Zahl 42, die für eine Zeit steht, in welcher der Satan frei wirken darf. Es ist sieben mal sechs! Die Wut der Lästerungen richtet sich gegen die, welche im Himmel ihr Zelt haben, und natürlich gegen Gott.

Nun kommen wir zu dem zweiten Tier, dem geistigen Oberhaupt des ersten Tieres, also dem SATAN selbst.

Das Tier mit zwei Hörnern

> Und ich sah ein anderes Tier aus der Erde heraufkommen, und es hatte zwei Hörner gleich einem Lamm und es redete wie ein Drache. Und alle Macht des ersten Tieres übt es vor seinen Augen aus, und bewirkt, dass die Erde und ihre Bewohner das erste Tier anbeten, dessen Todeswunde geheilt wurde.
> Und es tut große Zeichen, sodass es sogar Feuer vom Himmel auf die Erde herabfallen lässt auf die Menschen.

Und es verführt die Bewohner der Erde aufgrund der Zeichen, die vor dem Augen des Tieres zu tun ihm verliehen ist, und es beredet die Bewohner der Erde, dem Tier ein Bild zu machen, das die Wunde vom Schwert hat und wieder lebendig geworden ist.

Und es wurde ihm gegeben, dem Bild des Tieres Lebensgeist zu verleihen, sodass das Bild des Tieres sogar redete und bewirkte, das alle getötet wurden, die das Bild des Tieres nicht anbeteten.

Und es bewirkt, dass alle, die Kleinen und die Großen und die Reichen und die Armen und die Freien und die Sklaven, dass sie sich ein Malzeichen auf ihre rechte Hand oder auf ihre Stirn machen, und das niemand kaufen oder verkaufen kann als nur der, welcher das Malzeichen hat, nämlich den Namen des Tieres oder die Zahl seines Namens. Hier ist die Weisheit vonnöten. Wer Verstand hat, berechne die Zahl des Tieres: Sie ist nämlich die Zahl eines Menschen. Und zwar ist seine Zahl 666.

Hier erkennt man nun das geistige Kraftfeld, sozusagen die Ladestation im Geiste, aus der das erste Tier, welches auf der Erde wohnt, seine Kraft bezieht. Jedoch fällt im Text immer wieder auf, dass es heißt *es wurde ihm gegeben* oder *verliehen*. Die höchste Macht ist und bleibt Gott und auch der Satan kann nur wirken, solange es ihm gestattet wird zur Erziehung, Prüfung und Läuterung der Menschheit.

Der Satan und alle seine Engel wissen genau, dass ihre Zeit begrenzt ist (siehe Lukas 13, 25–30 und Matthäus 8, 29–32). Diese Kapitel zeigen wie Jesus Dämonen aus Menschen austreibt, zugleich jedoch weiß, dass sie noch wirken dürfen.

In unserem Text bewirkt der Satan (das zweite Tier), dass die Bewohner der Erde das erste Tier anbeten, mit der Darstellung seiner geheilten Wunde. Wenn also der Seelenkörper des Satans sich regeneriert, ist es gleichzeitig ein Verlust von Seelenkräften auf der Seite der Menschen, die im Christuskörper Gott gedient haben. Das wird deutlich bei den Ölbäumen, die 3,5 Tage wie tot auf der Straße liegen. Der Satan ist stolz auf diesen Sieg und er will ihn durch die Anbetung festigen lassen.

Nun kommen wir zu den Malzeichen auf der rechten Hand

und schließlich auf der Stirn. Gehen wir einmal hundert Jahre in der Erdgeschichte zurück. Tätowierungen gab es fast nur bei Matrosen, in geringer Zahl jedoch in satanischen Sekten aller Art. Inzwischen lassen sich durch eine weltweite Mode Millionen von Teenagern Zeichen in die Haut brennen, ohne sich viel dabei zu denken. So können auch die schwarzmagischen Zeichen eines Tages in der Menge untergehen. Allerdings sind die geistigen Malzeichen unsichtbar und benötigen keine Tätowierungen.

Und nun die Zahl des SATANS: 666. Als kleiner Hinweis wird noch gesagt, es sei die Zahl eines Menschen.
Am Anfang der Bibel wird im sechsten Schöpfungstag der Mensch geschaffen. Er ist noch unvollendet. Seine Vollendung erreicht er erst im siebenten Schöpfungstag – mit Gottes Hilfe und mit eigener Entscheidung. Ganz folgerichtig ist die sieben auf allen vier Skalen in der Offenbarung die Zahl des CHRISTUS, und die Zahl der Vollendung. Das weltweit gültige Zeichen der Christen auf der Erde ist ein asymmetrisches Kreuz. Also eine ungerade Zahl wie die sieben.

Die Zahl des Satans jedoch ist teilbar. Der Mensch im sechsten Schöpfungstag ist als Mann und Frau geschaffen, also auch in zwei Erscheinungsformen, die gemeinsam vermehrungsfähig sind. In der Paradieslegende ist die Erschaffung Adams als Seele zunächst doppelgeschlechtlich; nach der Teilung in zwei Geschlechter jedoch beginnt die Sehnsucht nach der Erkenntnis von Gut und Böse, veranlasst durch die Schlange, die wieder ein Name Satans ist. Damit beginnt die Kette der Inkarnationen von Seelen auf der Erde, dem Ort, an dem eine Erkenntnis und Unterscheidung von Gut und Böse möglich wird. Allerdings ist diese Zeit begrenzt. Wie alles zeitlich Lebendige geht sie zu Ende.

Die Zahl des Satans, die 666, ist demnach dreimal unvollendet, erreicht niemals die sieben. Jeder Mensch, der das erkennt und sich Gott und Christus zuwendet, kann aus diesem scheinbar hoffnungslosen Kreislauf ausbrechen. Auch die echten Christen tragen ein (wenn auch unsichtbares) Mal an der Stirn. Der

Satan erkennt sie sofort. Er kann sie verfolgen, drangsalieren und bei einigen auch ihre Körper töten. Ihre Seelen kann er nicht erreichen, denn sie sind Bürger einer höheren Weltordnung: Sie wohnen im Zelt des Himmels.

Das 13. Kapitel der Offenbarung ist hiermit zu Ende.

In dem folgenden 14. Kapitel geht es um »Das Lamm und die Seinen«, die Bewohner des Himmels, und um die Ernte und die Weinlese (von vollendeten Seelen) auf der Erde.

Dann folgen die sieben Zornschalen, die vierte Siebenheit in der Offenbarung, und damit ist unsere Pyramide aus sieben Stufen auf allen vier Seiten fertig.

Das Drama der Menschheit auf der Erde geht jedoch noch weiter. Die Kapitel 17 bis 20 beschreiben die Endgerichte; die Kapitel 21 und 22 den Triumph Gottes, die Erlösung der Menschheit und das himmlische Abschlussfest, zu dem bis jetzt noch jeder eingeladen ist, der daran teilnehmen will: *...und der Geist und die Braut sprechen komm, und wer es hört, der sage: Komm! Und wer dürstet, der komme; wer will, der nehme das Wasser des Lebens umsonst!*

Die Ernte und die Weinlese
Aufstieg der vollendeten Seelen von der Erde
Offenbarung
Kapitel 14

Das Lamm und die Seinen auf dem Berg Zion

> Und ich schaute auf und siehe da, das Lamm stand auf dem Berg Zion und mit ihm 144, die seinen Namen und den Namen seines Vaters auf ihren Stirnen geschrieben trugen.

Diesen Hinweis finden wir im sechsten Sendschreiben an den Engel zu Philadelphia (Bedeutung »Bruderliebe«), dort heißt es im Vers 12: *Wer überwindet, den will ich zu einem Pfeiler im Tempel meines Gottes machen, und er wird nicht mehr hinauskommen; und ich will auf ihn den Namen meines Gottes und den Namen der Stadt meines Gottes, des neuen Jerusalem, schreiben, das aus dem Himmel von meinem Gott herabkommt, und meinen neuen Namen (Christus).* So wird am Anfang dieses Ernte-Kapitels klar, dass es sich hier um die Seelen handelt, die ihren Lauf vollendet haben, bis auf die letzte Vereinigung in der siebenten Stufe, die noch aussteht.

> Und ich hörte einen Ton aus dem Himmel wie den Ton vieler Wasser und wie den Ton eines starken Donners; und der Ton, den ich hörte, war wie von Harfenspielern, die auf ihren Harfen spielten. Und sie sangen ein neues Lied vor dem Thron und vor den vier Wesen und den Ältesten, und niemand konnte das Lied lernen als nur die 144.000, die aus den Bewohnern der Erde erkauft sind.
> Diese sind es, die sich mit Frauen nicht befleckt haben, denn sie sind jungfräulich rein. Diese sind es, die dem Lamm nachfolgen, wohin es auch geht. Diese sind aus den Menschen erkauft worden als Erstlinge für Gott und das Lamm, und in ihrem Mund ist kein Betrug gefunden worden, sie sind untadelig.

Eine ganz besondere Gruppe. Einige Stichworte weisen klar darauf hin: Ein neues Lied; Erstlinge für Gott; rein und untadelig. In den sieben Posaunen haben wir gesehen, was für Seelen aus den Totenwelten heraufkommen, Männer und Frauen, also Reinkarnationen. Aber es gibt für alles auch ein erstes Mal.

Und Erstinkarnationen kommen genau wie Adam und Eva aus den Paradiesen herunter, wo sie als Seelen geschaffen wurden. Sie haben keine Lebenserfahrungen und sind entsprechend unschuldig. *Nur die im Voraus Erwählten Gottes können ihr Lied lernen.* Und die Zahl 144 – das ist 12 mal 12, also eine potenzierte Zahl, die man nicht einfach durchzählen kann, sondern die man als Gottesplan begreifen muss. Jetzt allerdings könnte sich viel ändern, wenn sie erst einmal hier sind, wo die satanischen Wesen frei wirken dürfen.

Die drei warnenden Engel (Kapitel 14, 6–13)

> Und ich sah einen andern Engel, der ein ewiges Evangelium an die Bewohner der Erde und an alle Nationen und Stämme und Sprachen und Völker zu verkündigen hatte, im Zenit fliegen, und er sprach mit lauter Stimme: Fürchtet Gott und gebet ihm die Ehre, denn die Stunde seines Gerichts ist gekommen; und betet den an, der den Himmel und die Erde und das Meer und die Wasserquellen gemacht hat!
> Und ein andrer Engel, ein zweiter, folgte ihm und sprach: Gefallen ist das große Babylon, das mit dem Zornwein der Unzucht alle Völker getränkt hat.
> Und ein andrer Engel, ein dritter, folgte ihnen und sprach mit lauter Stimme: Wenn jemand das Tier und sein Bild anbetet und ein Malzeichen auf seiner Stirn oder auf seiner Hand annimmt, wird auch er trinken müssen von dem Zornwein Gottes, der unvermischt eingeschenkt ist in den Becher seines Zorns, und wird gepeinigt werden in Feuer und Schwefel vor den heiligen Engeln und vor dem Lamm. Und der Rauch ihrer Peinigung steigt auf in alle Ewigkeit; und Tag und Nacht haben sie keine Ruhe, die das Tier und sein Bild anbeten, und wer das Malzeichen seines Namens annimmt.

> Hier ist die Standhaftigkeit der Heiligen vonnöten, die die Gebote Gottes und den Glauben an Jesus festhalten.
> Und ich hörte eine Stimme aus dem Himmel sagen: Schreibe: Selig sind die Toten, die im Herrn sterben, von jetzt an. Ja, spricht der Geist, sie sollen ruhen von ihren Mühsalen; denn ihre Werke folgen ihnen nach.

Die Warnungen der drei Engel waren sehr berechtigt, wie wir, die jetzt auf der Erde leben, sehr wohl wissen.

Gerade die besonders unschuldigen Menschen ohne Erfahrung mit dem Bösen sind leicht zu verführen. Denn der Teufel ist nun mal ein Betrüger am Anfang. Er kommt stets als Wolf im Schafspelz. Wie wir an einer späteren Stelle noch erfahren, müssen diese Seelen zu ihrem Schutz *vor den großen Endzeitgerichten* herausgenommen werden. Das gilt jedoch nicht für die vollendeten Heiligen, welche ja zum Schutz für die Menschen freiwillig aus dem Himmel herunter gekommen sind.

Die Ernte und die Weinlese (Kapitel 14, 14–20)

> Und ich schaute auf und siehe da, eine weiße Wolke, und auf der Wolke saß einer, der einem Menschensohn ähnlich war, und er hatte auf seinem Haupt eine goldene Krone und in seiner Hand eine scharfe Sichel. Und ein andrer Engel kam aus dem Tempel heraus, und rief dem, der auf der Wolke saß, mit lauter Stimme zu: Lege deine Sichel an und ernte! Denn die Stunde des Erntens ist gekommen, weil die Ernte der Erde dürr geworden ist. Und der auf der Wolke saß, legte seine Sichel an die Erde, und die Erde wurde abgeerntet.

Hier unterbrechen wir kurz. Die Begründung für die Ernte steht im Gegensatz zum natürlichen Geschehen. En Bauer wartet mit der Ernte, bis sie sich lohnt und voll genug ist. Aber hier werden gute Seelen geerntet, gerade weil es nur noch wenige von ihnen gibt. Und weil die bösen Kräfte auf der Erde gerade besonders stark sind.

Und ein andrer Engel kam aus dem Tempel, der im Himmel ist, heraus, und auch er hatte eine scharfe Sichel. Und ein andrer Engel, der Macht über das Feuer hatte, kam vom Altar heraus und rief dem, der die scharfe Sichel hatte, mit lauter Stimme zu: Lege deine scharfe Sichel an und schneide die Trauben des Weinstocks der Erde ab, denn seine Beeren sind reif geworden. Und der Engel legte seine Sichel an die Erde und schnitt den Weinstock der Erde und schüttete die Trauben in die große Kelter des Zornes Gottes. Und die Kelter wurde außerhalb der Stadt getreten, und es floss Blut aus der Kelter bis an die Zügel der Pferde, 1600 Stadien weit.

Wenn eine Saat über ein Feld ausgestreut wird, deckt sie eine große Fläche. Das sind wohl die einzelnen Seelen auf der ganzen Welt, die auf ihrem Weg zu Gott herangereift waren. Ein Weinstock steht fest mit Wurzeln an einem Ort und kann dort über längere Zeit Früchte tragen. Das sind wohl die Gemeinden, großen Kirchen oder Religionen mit unterschiedlichen Lehrmeinungen, jedoch basierend auf der Bibel und dem Evangelium. Aber gegen sie richtet sich der Zorn Gottes, weil sie zum Teil in Ritualen erstarrt sind – und weil die reine Lehre durch die Machtansprüche einzelner Personen überlagert worden war. Die Seelen jedoch, die trotzdem standhaft geblieben waren, können geerntet werden.

Es folgen nun die sieben Zornschalen.

Die sieben Zornschalen

Offenbarung
Kapitel 15 und 16

Nun endlich sind wir vor der letzten der vier Siebenheiten angelangt, ohne die der Gottesplan mit der Menschheit der Erde nicht vollendet sein wird. Zur Erinnerung zeige ich hier noch einmal alle vier:

Die sieben Sendschreiben an die Engel, ausgelegt als geistige Stufenleiter vom Zeitpunkt der Bekehrung eines Menschen bis zur Vereinigung mit Christus in der Vollendung.

Die sieben Siegel, Darstellung der möglichen Todesarten der lebenden Menschen auf der Erde, symbolisiert durch die vier apokalyptischen Reiter und anschließend die möglichen Übergänge in verschiedene jenseitige Räume, je nach Entwicklungsstand der einzelnen Seele.

Die sieben Posaunen, Inkarnationen von Seelen in dieser Welt mit unterschiedlichster Qualität und Entwicklungsstufe, einschließlich von Heiligen und Dämonen.

Die sieben Zornschalen, Schicksale und Prüfungen der Lebenden auf der Erde, bis zur endgültigen Erlösung und Belohnung im Himmel. Zugleich Prüfung für Verständnis und Erbarmen.

Die Zornschalen beginnen im Kapitel 15 der Offenbarung Christi mit einer besonderen Einleitung.

Die sieben Engel mit den Zornschalen

> Und ich sah ein andres Zeichen im Himmel, groß und wunderbar: sieben Engel, welche sieben Plagen hatten, die letzten; denn durch sie wurde der Zorn Gottes vollendet.
> Und ich sah etwas wie ein gläsernes, mit Feuer durchmischtes Meer, und die Sieger über das Tier und über sein

Bild und über die Zahl seines Namens standen an dem gläsernen Meer und hatten Harfen zum Preise Gottes. Und sie sangen das Lied des Mose, des Knechtes Gottes, und das Lied des Lammes:

> Groß und wunderbar sind deine Werke, Herr allmächtiger Gott; gerecht und wahr sind deine Wege, König der Völker. Wer sollte nicht fürchten Herr, und preisen deinen Namen? Denn du bist allein heilig; denn alle Völker werden kommen und vor dir anbeten, weil deine gerechten Taten offenbar geworden sind.

Und darnach schaute ich auf, und der Tempel, das heilige Zelt im Himmel, wurde geöffnet, und die sieben Engel, die die sieben Plagen hatten, kamen aus dem Tempel heraus, bekleidet mit reinem, glänzendem Linnen und die Brust umgürtet mit goldenen Gürteln.

Und eins von den vier Wesen gab den sieben Engeln sieben goldene Schalen, voll des Zornes Gottes, der in alle Ewigkeit lebt. Und der Tempel wurde voll Rauch von der Herrlichkeiten Gottes und von seiner Macht, und niemand konnte in den Tempel hineingehen, bis die sieben Plagen der sieben Engel vollendet waren.

Eine sehr vielseitige Einleitung. Obwohl der Begriff Zornschalen wohl zum Fürchten ist, wäre doch ohne den Zorn Gottes auch keine göttliche Gerechtigkeit gegeben. Wer die Posaunen und das Kapitel mit den zwei Tieren aufmerksam studiert hat, wird sich darüber auch kaum wundern.

Das gläserne Meer haben wir schon einmal getroffen, in der Beschreibung des Thrones Gottes, im Anschluss an die sieben Sendschreiben. Und dann singen die Sieger über das Tier ein *Lied Moses und des Lammes*. Das ist wohl die kürzeste Zusammenfassung des alten und neuen Testaments, dessen Krönung und Vollendung die Offenbarung ist. Noch bevor der letzte Akt der Vollendung der Menschheit beginnt, preisen die zuvor Erlösten den Sieg Gottes mit einem Siegeslied. Auch vor den dunkelsten Stunden auf der Erde haben sie einen Grund zur Freude.

Zu Beginn der *sieben Posaunen* steigt in der Einleitung der Rauch von den Gebeten der Heiligen vor Gott auf. Das bewirkt sehr viel. Denn so bekommen alle Geborenen auf Erden immer noch Beistand und Hilfe, selbst die trüben Seelen, die hereinkommen. Auch ihre volle Erlösung ist keinesfalls ausgeschlossen. Erinnern wir uns an den Ausspruch von Jesus: *...und siehe, es sind Letzte, die werden Erste sein, und es sind Erste, die werden Letzte sein.* Dieser wichtige Satz zeigt die Möglichkeit einer Ausnahme, keine Selbstverständlichkeit.

Noch etwas sollten wir gut beachten: Die Schalen *mit dem Zorn Gottes sind aus Gold.* Es ist ein edler Zorn, der hier ausgegossen wird, zur letzten Hilfe und Erziehung einer abgefallenen Menschheit.

Hierzu 1. Timotheus 2,3–4: *...Gott ... will, dass alle Menschen gerettet werden und zur Erkenntnis der Wahrheit kommen.* Weiter werden die Engel mit den Zornschalen als besonders schöne Erscheinungen beschrieben: Mit glänzenden weißen Kleidern und einem goldenen Gürtel. Diese Details weisen darauf hin, dass hier etwas Gutes geschieht, wenn es für viele auch schmerzlich ist.

Genau so wie die Gebete Gott erreichen, sieht ER auch die Untaten der Menschen, zu denen sie von den satanischen Wesenheiten immer neu verführt werden. Und dieser Krieg zwischen den Engeln Gottes und den Engeln Satans setzt sich bis in die himmlischen Regionen fort, Offenbarung 11, 7: *... und es entstand Krieg im Himmel, sodass Michael und seine Engel Krieg führten mit dem Drachen; und der Drache führte Krieg und seine Engel.*

Machen wir uns nichts vor: Die Zornschalen, die jetzt ausgegossen werden, treffen die Menschen, die sich verführen ließen. Da aber auch in der härtesten Prüfung ein Mensch die Wahl hat und widerstehen könnte, werden durch diese letzten Leiden noch viele gerettet. Denn kein Mensch wird über sein Vermögen geprüft (1. Korinther 10,12–13). Das Gericht für den Satan und seine Engel kommt später. Es ist die Auflösung ihrer Seelen im Feuersee.

Von den Menschen kann jeder, der Gott anruft, gerettet werden, was aber den physischen Tod nicht ausschließt. Hier geht es um die Rettung der Seele! Und in diesen Prüfungen ist die Standhaftigkeit der Heiligen vonnöten (Offb. 14,12). Denken wir in diesem Zusammenhang als Beispiel noch einmal an Dietrich

Bonnhöfer im 20. Jahrhundert, der – selbst schon in Sicherheit – zurückkehrte, um den Verfolgten beizustehen und um mit ihnen in Auschwitz zu sterben.

Die erste und die zweite Schale

> Und ich hörte eine laute Stimme aus dem Tempel zu den sieben Engeln sagen: Gehet hin und gießet die sieben Schalen des Zornes Gottes auf der Erde aus!
> Und der erste Engel ging hin und goss seine Schale aus auf das Land; da kam böses und schlimmes Geschwür über die Menschen, die das Malzeichen des Tieres trugen und die sein Bild anbeteten.
> Und der zweite Engel goss seine Schale aus auf das Meer; da entstand Blut wie von einem Toten, und alle lebendigen Wesen im Meere starben.

Wir nehmen uns je zwei Schalen für die Auslegung vor. Bei den ersten beiden ist die Versuchung groß, sich an der äußeren Realität zu orientieren und dabei an Umweltsünden der Menschen an Land und Meer zu denken. Wir haben es hier aber mit der Geschichte der Menschenseelen zu tun und nur bei einer geistlichen Deutung macht es einen zusammenhängenden Sinn. Versuchen wir also das:

Geschwüre kommen von innen nach außen. Sie sind ein weiteres Zeichen an dunklen Menschenseelen, die das Malzeichen des Tieres (also des Satans) bereits an sich tragen und sein Bild anbeten. Hier geht es um ein Offensichtlichwerden eines Zustands, der lange verborgen war. Erinnern wir uns an den Hinweis von Jesus: *Der Teufel ist ein Betrüger am Anfang.* Zuerst werden sie betrogen, dann verführt und schließlich bekennen sie sich zu ihren bösen Taten.

Wenn wir mal nachdenken, so fing es im zwanzigsten Jahrhundert erst richtig an, dass sich Gruppen von Fanatikern verschiedener Art zu Attentaten bekannten, wo sie in früheren Zeiten stets versuchten, unerkannt davon zu kommen. Heute würde man sagen: Sie »outen« sich, egal wie hässlich es auch aussieht.

Nun kommt die zweite Zornschale. Sie wird auf das Meer gegossen. Nehmen wir hier das Meer für eine große Menge von Menschen in Völkern und Nationen, so macht es Sinn, wenn dieses Blut nun wie *Blut von einem Toten* erscheint, und alle *lebendigen Wesen* im Meer starben. Blut selbst steht für Leben und Ernährung eines Körpers von innen. Aber bei einem Toten fließt es nicht mehr, sondern steht still und gerinnt, bis zur Verwesung. Bei einer solchen Umgebung im Meer der Menschheit können die *lebendigen Wesen* nicht überleben. Denken wir mal an die dritte Posaune und den *Stern*, der *Wermut* hieß. Die Menschen können schwermütig werden und innerlich sterben, wenn sie auch noch weiter auf der Erde im Körper sind. Und wieder erinnert mich das an Jesus, wie er bei einem Leichenzug die Jünger zurückhielt mit den Worten: *Lasst die Toten die Toten begraben.* Wer noch graben kann, ist körperlich existent. Eine Seele kann jedoch durch Trauer und Verzweiflung nahezu tot sein.

Die dritte und die vierte Schale

> Und der dritte goss seine Schale aus auf die Flüsse und die Wasserquellen, da entstand Blut. Und ich hörte den Engel der Gewässer sagen: »Gerecht bist du, der ist und der war, du Heiliger, dass du so gerichtet hast; denn Blut von Heiligen und Propheten haben sie vergossen, und Blut hast du ihnen zu trinken gegeben; sie sind es wert.« Und ich hörte den Altar sagen: »Ja, Herr, allmächtiger Gott, wahr und gerecht sind deine Gerichte.«
> Und der vierte goss seine Schale aus auf die Sonne; da wurde ihr Macht gegeben, die Menschen mit Feuer zu versengen. Und die Menschen wurden versengt mit großer Glut, und sie lästerten den Namen Gottes, der die Macht über diese Plagen hat, und taten nicht Buße, sodass sie ihm die Ehre gegeben hätten.

Die Auslegung für drei und vier steht fast im umgekehrten Verhältnis zu eins und zwei. Zuvor wäre noch einmal zu sagen, dass bei allen vier Siebenheiten der Offenbarung Christi die ersten vier Teile auf der Erde spielen und lebende Menschen bzw. Seelen betreffen. Die letzten drei spielen in jenseitigen Welten oder in Verbindung mit ihnen, direkt oder sinngemäß.

Hier müssen wir langsam und vorsichtig sein. Flüsse und Wasserquellen stehen an vielen Stellen in der Bibel für Geist von Gott, Inspirationen, neue Ideen, Geistesgaben, Erfindungen aller Art. Jedoch jene Menschen, die solche »Flüsse« kanalisieren, geben stets Gott die Ehre und bezeichnen sich selbst als »Kanal«. Dies galt besonders für die Propheten, die aussprachen oder aufschrieben, was Gott ihnen aufgetragen hatte. Hier geht es sozusagen um das Blut des Geistes, was Jesus in seinem Abendmahl auch deutlich gemacht hatte.

Nun passiert etwas Sonderbares. Die dritte Schale wird ausgegossen und die Flüsse und Quellen werden Blut, kleben also in den Menschen. Auf den ersten Blick erscheint das ja positiv, kann jedoch so nicht gemeint sein. Nun sagt der »Engel der Gewässer«, dies sei *ein gerechtes Gericht*. Blut von Heiligen und Propheten haben sie vergossen. Und Blut wurde ihnen zu trinken gegeben.

Worum es doch hier immer wieder geht: Die Menschen gaben Gott nicht mehr die Ehre. Sie vereinnahmten das Blut des Geistes für sich, zu ihrer eigenen Ehre. Bei vielen Heilern, die allein aus dem Ego heraus handeln, kann man das heute beobachten. Aber auch Hellseher und Wahrsager aller Art haben sich selbstständig gemacht und preisen ihre eigenen Fähigkeiten an, machen sogar ein großes Geschäft daraus.

Gott haben sie dabei völlig vergessen. Und so waren die Geschenke des Geistes nicht gemeint.

Dann kommt noch die vierte Schale. Sie wird auf die Sonne gegossen. Das Bild ist klar: Helles, blendendes Licht ist für verdunkelte Menschenseelen stark brennend. Und jetzt zeigen sie ihre wahre Qualität: Sie lästern Gott, tun nicht Buße und geben ihm nicht die Ehre für die Kräfte, die doch allein von ihm kommen.

Hierzu möchte ich auf einen Vers des Paulus verweisen: 2, Timotheus, 4, 3: *...denn es wird eine Zeit kommen, wo sie die gesunde Lehre nicht ertragen werden, sondern sich nach ihren eigenen Begierden Lehrer in Menge verschaffen werden, um sich die*

Ohren kitzeln zu lassen, und von der Wahrheit werden sie die Ohren abwenden... Hier haben wir also deutlich die sengende Sonne der reinen Lehre, welche die Menschen nicht mehr ertragen können. An anderer Stelle in den Briefen sagt Paulus noch, dass sich die Menschen eigene Lehren erfinden und schreiben werden, was inzwischen längst geschehen ist. Wir erinnern uns auch noch an das erste Zwischenstück bei den Posaunen, wo die beiden *Ölbäume*, die beiden großen Religionen, die bis in den Himmel hinaufreichen (in unserer Deutung Buddhismus und Christentum), wie tot auf der Straße liegen und die Menschen sich darüber freuen und sich Geschenke schicken. Bis die Ölbäume plötzlich wieder durch den Geist lebendig werden, zum Schrecken vieler.

In den sieben Zornschalen der Offenbarung erleben wir durch die aufeinander folgenden Kapitel eine stetig fortschreitende Verfinsterung der Menschen. Immer mehr wenden sich dem Satan zu und bekennen sich sogar zu ihm, während sie gleichzeitig die Lehre Gottes immer schwerer verstehen und ertragen, bis sie anfangen, Gott zu lästern. Buße tun sie sowieso nicht, denn sie erkennen ihren Zustand nicht mehr.

Die fünfte Schale

> Und der fünfte goss seine Schale aus auf den Thron des Tieres; da wurde dessen Reich verfinstert, und sie zerbissen ihre Zungen vor Qual und lästerten den Gott des Himmels wegen ihrer Qualen und wegen ihrer Geschwüre und taten nicht Buße durch Abwendung von ihren Werken.

Die fünfte und sechste Schale spielen in geistigen Bereichen. – Im Kapitel 13 der Offenbarung haben wir die beiden Tiere kennen gelernt: Das erste Tier war der satanische Geistkörper, der aus Menschenseelen gesammelt wird, also der Widerchrist. Das zweite Tier war der Satan selbst, der auf dem Thron dieses Geistkörpers sitzt, den er sich selbst geschaffen hat. Es ist ganz logisch, dass die Zornschale Gottes auf den Thron des Tieres ausgeschüttet wurde. Denn der Satan war der Hauptschuldige an allen Qualen, welche die von ihm Verführten erleiden mussten.

Die leidenden Menschen erkennen das jedoch nicht und ihre eigene Mitschuld durch den Missbrauch ihrer Entscheidungsfreiheit schon gar nicht. Deshalb lästern sie Gott. Und das kennen wir doch aus unserem täglichen Leben, diese ständigen Redensarten »wie kann Gott das zulassen?« oder »warum ich?«. Sie quälen sich und steigern sich in ihre Wut gegen Gott hinein, ganz wie es dem Satan gefällt. Denn der ist nicht fair gegenüber seinen Anhängern. Er will sie ja vernichten und er weiß, dass sie am Ende mit ihm in den Feuersee gehen werden, zur Auflösung ihrer Seelen.

Die sechste Schale

> Und der sechste goss seine Schale aus auf den großen Strom Euphrat; da vertrocknete sein Wasser, damit den Königen vom Aufgang der Sonne der Weg bereitet würde. Und ich sah aus dem Munde des Drachen und aus dem Munde des Tieres des falschen Propheten drei unreine Geister wie Frösche herauskommen. Sie sind nämlich Dämonengeister, die Zeichen tun, die zu den Königen des ganzen Erdkreises ausziehen, um sie zum Krieg am großen Tag des allmächtigen Gottes zu versammeln.
> Siehe, ich komme wie ein Dieb. Selig, wer wacht und seine Kleider festhält, damit er nicht nackt einhergehe und man seine Schande sehe. Und sie versammelten sie an den Ort, der auf hebräisch Harmagedon heißt.

Wie wir schon wissen, bedeutet *Euphrat* Süßwasser. Das sind also die Menschen, die immer noch auf einem guten Wege sind und sich bemühen, kommenden Generationen ethische Werte weiterzureichen.

Könige vom Aufgang der Sonne sind die Regierenden in der Zukunft. Da wir auf der Erde immer mehr Demokratien haben, wo die Regierenden vom Volk gewählt werden, ist ganz allgemein eine größere Verantwortung aller Menschen damit verbunden.

Nun tritt der Satan auf den Plan und sorgt für die Schwächung *der Menschen*, die noch *Süßwasser* sind.

Die Dämonengeister gehen sowohl aus dem Munde des Drachen (Satan selbst) als auch aus dem Munde des falschen Propheten hervor, der einem Geistkörper aus Menschen angehört, dessen oberster Herr wiederum der Satan ist. Wenn wir uns auf der Erde umschauen, so finden wir da tatsächlich den Kampf eines Geistkörpers von einem Propheten gegen die Regierenden der Erde und gegen die Gläubigen, die mit Christus auf dem Weg zu Gott sind. Sie vertrocknen unter dem Ansturm der falschen Lehrer, und sie werden hier von Christus selbst gewarnt, dass er wie ein Dieb in der Nacht kommen wird und dass sie ihre Kleider festhalten sollen.

Hierzu 1. Thessalonicher, 5,2: *Denn Ihr selbst wisst genau, dass der Tag des Herrn so kommt wie ein Dieb in der Nacht.* Und die Kleider sind die bewusste, äußere Erscheinung, die ein Mensch wählt. Sie kommt im spirituellen Leben einem Bekenntnis gleich, welches viele unter dem hohem Druck aus Feigheit nicht mehr ablegen. Wenn ein Mensch seine Kleider jedoch ablegt, ist er wie nackt und es ist eine Schande.

Nun kommt das große Sammeln am *Harmagedon* (auch Armagedon, Berg Megiddo. In der 2. Chronik, Kapitel 35, 20–25, wird der Tod Josias in der Ebene Megiddo beschrieben. Der ganze Kampf, der immer noch weiter geht, wird in dieser Geschichte sichtbar).

Harmagedon ist der symbolische Name für die letzte große Auseinandersetzung der hellen und dunklen Geister. Kein irdischer Ort, sondern ein geistliches Schlachtfeld. Hierzu Epheser 2,1: *Und euch, die ihr tot wart durch eure Übertretungen, in denen ihr einst wandelten gemäß dem Äon dieser Welt, nämlich gemäß dem Beherrscher der Macht in der Luft, des Geistes, der jetzt wirksam ist in den Söhnen des Ungehorsams.* Besser als Paulus kann man es kaum ausdrücken. Er beschreibt hier das Schlachtfeld Harmagedon als eine *äonische Macht in der Luft*.

Es wird oft versucht, diese letzte Schlacht an irdische Orte zu einem festen Zeitpunkt zu verlegen. Verbreitet ist die Vorstellung, diese Schlacht würde am Berg Megiddo auf der Sinai zwischen Israel und seinen Nachbarstaaten ausgetragen, wobei nur eine Handvoll Menschen übrig bleiben soll.

Irdische Ereignisse können im Laufe der Geschichte als Modell für diese Prophezeiung herangezogen werden, jedoch sind sie nicht das geistliche Original. Da ist Paulus mit seiner Darstellung im Epheserbrief sicher viel näher dran, zumal er auch genau darstellt, welche Personen hier gemeint sind und welche verschont werden können.

Die siebente Schale

> Und der siebente goss seine Schale aus über die Luft hin; da kam eine laute Stimme aus dem Tempel vom Throne her, die sprach: Es ist geschehen. Und es entstanden Blitze und Stimmen und Donnerschläge, und es entstand ein großes Erdbeben, wie noch keins gewesen ist, seit ein Mensch auf Erden war, ein solches Erdbeben so groß. Und die große Stadt zerfiel in drei Teile, und die Städte der Heiden stürzten ein, und des großen Babylon wurde vor Gott gedacht, ihm den Becher des Zornweins seines Grimms darzureichen. Und alle Inseln entschwanden, und Berge waren nicht mehr zu finden.
> Und ein großer Hagel, wie zentnerschwer, kam aus dem Himmel auf die Menschen herab, und die Menschen lästerten Gott wegen der Plage des Hagels, weil dessen Plage sehr groß ist.

Die Stimme vom Thron Gottes sagt: *Es ist geschehen*. Fast wie vor zweitausend Jahren Jesus am Kreuz sein Leben beendete mit den Worten: *Es ist vollbracht*. In beiden Fällen geht es um die Vollendung der Menschheit, den großen Plan Gottes und um ein Ende der Leiden (Johannes 19,30). Eine gewaltige Erschütterung geht über die Erde (auch beim Tod Jesu gab es Blitze und Donner) wie noch nie zuvor.

Die große Stadt zerfiel in drei Teile. Das müssen wir auslegen. Bedenken wir, dass die Zornschale über die *Luft* ausgegossen wird. *Das Element, in welchem der Satan herrscht in den Söhnen des Ungehorsams* (Epheser 2,1). Es ist die Ebene, auf der sich die Gedanken der Menschen abspielen, ihre Wünsche und auch ihr Hass. Die Ebene der Menschenseelen also, die nicht durch Christus gereinigt sind.

Weiter heißt es: *Die Städte der Heiden stürzten ein.* Im zweiten Zwischenstück bei den Posaunen wird der äußere Vorhof den Heiden preisgegeben. Alle auf fast unendliche Zeiten angelegten Karmareligionen können ihr Werk so nicht mehr zu Ende bringen.

Die Stadt, die in drei Teile zerfällt: Darin kann man die Körper, die Seelen und den Geist der Menschen sehen. In unterschiedlicher Qualität bei jedem Einzelnen. Ihr Geist hat sich dem Satan zugewandt, die Seelen sind verfinstert, die Körper tragen Geschwüre. Sichtbar durch ihre Lästerungen gegen Gott.

Nun kommen wir zu dem dritten Stadtsymbol: *Das große Babylon*, dem Gott seinen *Becher mit Zornwein* darreicht. *Babylon* ist die griechische Form für *Babel*, welches wörtlich *Verwirrung* bedeutet. Hier handelt es um den Teil der Menschheit, der sich verführen und verwirren ließ. Sie wurden oberflächlich, gierig und auf jede Weise böse. Auch viele der Gläubigen wurden schwach, verloren ihren Glauben und tauchten in dieser gewaltigen Masse unter.

Noch zwei interessante Details: *Die Inseln entschwanden und die Berge waren nicht mehr zu finden.* Inseln sind in diesem Zusammenhang Individualisten, Menschen, die noch frei denken und sich für Gott entscheiden können. Auch kleine Gemeinden, die es selbst im größten Chaos fertig brachten, Gott zu lieben und ihren Glauben gemeinsam zu pflegen. Und dann die Berge, die wir schon in der zweiten Posaune näher betrachtet haben: Kraftfelder der Begeisterung, der Ideen und schöpferischen Lebensgestaltung. Niemand, der in der *großen Babylon* untergegangen ist, wäre dazu noch fähig. Das alles ist in diesem Stadium der Weltgeschichte vorbei.

Den Abschluss der siebenten Zornschale bildet jedoch ein *großer Hagel, der aus dem Himmel herabkommt.* Die Posaunen begannen doch mit der Einheit der menschlichen Existenz aus *Hagel, Feuer und Blut.* Eine gewaltige Menge von Seelen kommt jetzt zur Geburt auf der Erde herein, jedoch nicht zur Freude der dunkel gewordenen Bürger von Babylon, denn diese lästern Gott wegen dieser »Plage«. Aber was für sie eine Plage ist, so wie es die sengende Sonne der reinen Gotteslehre bereits war, ist für die Gläubigen, die standhaft geblieben waren, eine große Freude und Anlass zum Jubeln. Und sie singen das *Lied Moses und des Lammes*, wie bei der ersten Zornschale.

An dieser Stelle könnten wir schnell noch einmal das Kapitel 13 bei Lukas nachschlagen. Da heißt es im Vers 24–25: *Ringet darnach, dass ihr durch die enge Tür hineingeht! Denn viele, sage ich euch, werden hineinzugehen suchen und es nicht vermögen. Sobald der Hausherr aufgestanden ist und die Türe verschlossen hat und ihr anfangen werdet, draußen zu stehen und an die Türe zu klopfen und zu sagen: Herr, tue uns auf! Da wird er antworten und zu euch sagen: Ich weiß von euch nicht, woher ihr seid.* Vers 27–30: *...Weichet von mir, ihr alle, die ihr die Ungerechtigkeit übt. Dort wird Heulen und Zähneknirschen sein, wenn Ihr Abraham und Isaak und Jakob und alle Propheten im Reiche Gottes sehen werdet, während ihr hinausgestoßen seid. Und sie werden vom Morgen und Abend und von Mitternacht und Mittag kommen und sich im Reiche Gottes zu Tische setzen. Und es sind Letzte, die werden Erste sein, und es sind Erste, die werden Letzte sein.*

Da ist er wieder, dieser so oft falsch zitierte Vers. Und jetzt sehen wir auch, dass der gewaltige Hagel die Inkarnationen vollendeter Seelen bedeutet, die den einen zur Freude und den andern zum Ärgernis werden.

In der Offenbarung folgen nun die recht umfangreichen Kapitel 17, 18, 19, 20, welche die dramatischen Prozesse der Endzeit beschreiben. Diese müssen wir dann mit den Endzeitreden von Jesus in den Evangelien vergleichen, was eine wirklich interessante Arbeit wird. Zwar handelt es sich in der Bibel nur um vier Druckseiten, aber das täuscht. Die Offenbarung ist so dicht und komprimiert wie ein Diamant. Da ist jedes Wort wichtig und nichts darf übersehen werden.

Am Ende winkt uns jedoch der Lohn mit dem himmlischen Abschlussfest in den Kapiteln 21 und 22.

Die Endzeit

Offenbarung
Kapitel 17 bis 20

Das große Babylon und das erste Tier (Kapitel 17)

BABYLON steht für die ganze Welt, mit allem Chaos, Kriminalität, Kriege, Terrorismus, Gottlosigkeit, Gier nach Besitz und nach persönlicher Macht. Das erste Tier kennen wir schon aus dem 13. Kapitel. Ein Millionen-Seelenkörper, der dem Satan untersteht, obwohl die einzelnen Menschenseelen sich dessen nicht immer bewusst sind. Jedoch sie führen Krieg in allen Völkern und Nationen gegen die Heiligen und machen ihnen das Leben schwer. Sehen wir uns nun den Text im 17. Kapitel an:

> Und es kam einer von den sieben Engeln, die die sieben Schalen hatten, redete mit mir und sprach: Komm, ich will dir das Gericht über die große Buhlerin zeigen, die an vielen Wassern sitzt, mit der die Könige der Erde Unzucht getrieben haben, und die Bewohner der Erde sind vom Wein ihrer Unzucht trunken geworden. Und er entrückte mich im Geist in eine Wüste. Und ich sah ein Weib auf einem scharlachroten Tier sitzen, das voll gotteslästerlicher Namen war, und sieben Köpfe und zehn Hörner hatte. Und das Weib war angetan mit Purpur und Scharlach und übergoldet mit Gold und Edelsteinen und Perlen, und sie hatte einen goldenen Becher in der Hand, voll von Gräueln und dem Schmutz ihrer Unzucht, und an ihrer Stirne stand ein Name geschrieben, ein Geheimnis: »Das große Babylon, die Mutter der Buhlerinnen und der Gräuel der Erde«. Und ich sah das Weib trunken vom Blute der Heiligen und vom Blute der Zeugen Jesu; und ich verwunderte mich sehr, als ich sie sah.

Wir unterbrechen für die Auslegung. Die Bezeichnungen für eine verdorbene gottlose Menschheit sind hier *das Babylon, die Stadt Babylon, die große Buhlerin, die Mutter der Buhlerinnen und der Gräuel der Erde.* Sie kommen zwischendurch mehrfach vor, betreffen jedoch stets die Menschen in allen Völkern der Erde, die mit dem Satan gemeinsam die Heiligen verfolgen und wo immer möglich auch töten. Babylon ist eine große Gesamtheit, die Vorstufe zu dem zweiten Tier, wo der Dienst im Bösen mehr und mehr bewusst wird.

Deshalb reitet hier im Bild die Buhlerin auf dem roten Tier mit den sieben Köpfen und zehn Hörnern. Diese stellen Machtgruppen dar, falsche Lehren, sogar Religionen, und die zehn Hörner, die aus den Köpfen wachsen, deuten auf Uneinigkeit der verschiedenen Gruppen unter sich hin, da jede für sich hohe Machtansprüche hat und mit Gewalt darum kämpft. Nun gehen wir weiter im Text:

> Da sprach der Engel zu mir: Warum verwunderst du dich? Ich will dir das Geheimnis des Weibes und des Tieres sagen, das sie trägt, das die sieben Köpfe und die zehn Hörner hat. Das Tier, das du gesehen hast, war und ist nicht und wird wieder heraufkommen aus der Unterwelt und geht hin ins Verderben; und die Bewohner der Erde, deren Namen von Grundlegung der Welt an nicht geschrieben steht im Buch des Lebens, werden sich verwundern, wenn sie das Tier sehen, dass es war und nicht ist und wieder da sein wird. Hier ist der Verstand vonnöten, der Weisheit hat. Die sieben Köpfe sind sieben Berge, auf denen das Weib sitzt, und sind zugleich sieben Kaiser. Die fünf ersten sind gefallen, der eine ist da, der andre ist noch nicht gekommen; und wenn er kommt, soll er nur kurze Zeit bleiben. Und das Tier, das war und nicht ist, ist selbst der achte, und es ist zugleich einer von den sieben, und es geht hin ins Verderben. Und die zehn Hörner, die du gesehen hast, sind zehn Könige, die noch keine Herrschaft erlangt haben; aber mit dem Tier erlangen sie auf eine Stunde Macht wie Könige. Diese haben e i n e Meinung, und ihre Macht und Gewalt übertragen sie auf das Tier.
> Diese werden mit dem Lamm Krieg führen und das Lamm

wird sie besiegen, denn es ist der Herr der Herren und der König der Könige, und seine Begleiter sind Berufene und Auserwählte und Gläubige. Und er sagte zu mir: Die Wasser, die du gesehen hast, an denen die Buhlerin sitzt, sind die Völker und Scharen und Nationen und Sprachen. Und die zehn Hörner, die du gesehen hast, und das Tier, die werden die Buhlerin hassen und sie vereinsamt und nackt machen und ihr Fleisch verzehren und sie mit Feuer verbrennen; denn Gott hat ihnen ins Herz gesehen, seine Meinung auszuführen, und zwar eine Meinung auszuführen und ihre Herrschaft auf das Tier zu übertragen, bis die Worte Gottes erfüllt sein werden.
Und das Weib, das du gesehen hast, ist die große Stadt, die die Herrschaft über die Könige der Erde hat.

Hiermit ist das 17. Kapitel im Text zu Ende, wir müssen es nur noch einmal genauer betrachten. Hier wiederholt sich noch einmal in anderen Worten die Tatsache, dass die große Mehrheit der Menschheit getrieben ist von Machtansprüchen, Eitelkeit und Gier, voller Wut gegen alle, die sich ihren Zielen entgegenstellen. Mit dem letzten Vergleich wird das Weib, die große Buhlerin, als Stadt bezeichnet, die Herrschaft über die Könige der Erde hat. *Sie überträgt nun ihre Macht auf das erste Tier.* Dieses Tier kennen wir schon, es ist aus Menschenseelen gebildet, die dem Satan dienen. Zuerst noch unbewusst. Dies geschieht in Stufen, genau wie auf der Leiter nach oben, wie sie in den Sendschreiben beschrieben wird. Im Anhang steht eine ausführliche Betrachtung: *Sieben Stufen abwärts; die Karriere der Dämonen.* Darin wird deutlich, dass es schon in der Kindheit beginnt, wenn eine Seele sich von Gott weg und zum Bösen hin entwickelt. Verführungen aller Art, schlechte Beispiele und oft auch schon Gewalt sind die Mittel. Das *Weib Babylon* selbst ist nun die Mehrheit der Menschheit auf der Erde, die sich bei dem begrenzten Lebensalter von maximal 120 Jahren (nach dem Bund Gottes mit Noah) ständig erneuert. Praktisch kann man sagen, dass wir es alle hundert Jahre auf der Erde mit neuen Menschen zu tun haben. Allerdings kommen die schon *aus den Totenwelten herauf,* wie wir in den sieben Posaunen gesehen haben. Es sind reinkarnierte Seelen, die ihren Abstieg zum Bösen bereits begonnen hatten.

Nun bekommen sie eine neue Chance, ohne Erinnerung an das frühere Leben, jedoch der Charakter ist schon sichtbar. Wer mit Kindern Umgang hat, wird die Unterschiede bestätigen können.
Das wird ganz klar in dem Satz: *...das war, das nicht ist, das wieder sein wird.* Sie leben, sie sterben, sie kommen wieder, solange die Zeit dazu gegeben wird. Die Berge, die Kaiser, die Könige – alles sind Interessengruppen, kleiner oder größer, in welche Menschen ihre Energien hineingeben. Dann plötzlich haben sie *für eine kurze Zeit eine große Macht auf der Erde.*
Beispiele: In nur einem Jahr erreichte es Hitler, dass rund 100000 Menschen sich mit »Heil Hitler« grüßten. Eine magische Handlung, die eindeutig dem Bösen diente, wie man schnell sehen konnte.
Und noch ein Beispiel für Übertragung von Macht: Sportbegeisterung. Bei der letzten Fußballweltmeisterschaft haben zwei Milliarden Menschen rund um die Erde am Fernseher gesessen, um die Spiele zu verfolgen. Das war ein Drittel der lebenden Menschheit. Das ist nichts Böses, es sei denn, ein Mensch sieht nichts Wichtigeres mehr in seinem Leben. Auch so kann man Seelen fangen, in dem man ihnen höhere Ziele wegnimmt.
Wie wir schon aus den sieben Posaunen wissen, kann die Übertragung von Macht durch Investierung von Energie durch Begeisterung erfolgen, aber auch durch Depressionen und Angst. Dem Satan (dem zweiten Tier) ist es egal, wie ein Mensch sich von Gott entfernt und wodurch. Die Hauptsache, es funktioniert. Und durch Emotionen geht es schneller als durch Denken.

Die Wasser, an denen die Buhlerin sitzt, sind die Völker und Scharen und Nationen und Sprachen. Also wieder große und kleine Gruppen, auf der ganzen Erde. Die Wasser sind die Quellen, aus denen sie trinken, alles, was sie begeistert und beschäftigt. Am Ende jedoch werden sie von dem Tier gehasst und aufgezehrt, denn der Satan ist nicht fair! Er benutzt ihre Energie und dann wirft er sie weg wie leere Hülsen.
Menschen mit Großhirnen sind nicht dazu bestimmt, von Gott her, ihr Leben und ihr Denkvermögen sinnlos zu verschwenden. Sie sollten sich ihrer Kräfte und Möglichkeiten bewusst werden. Hierzu Johannes 1,12: *...so viele ihn aber aufnahmen, denen gab er Anrecht darauf, Gottes Kinder zu w e r d e n !* Dieser

wichtige Satz macht klar, dass jeder Mensch von Geburt bis Tod in jedem Leben, welches ihm geschenkt wird, eine höhere Bestimmung hat, die nicht ins Verderben führt, sondern hinauf in die himmlischen Welten.

Dies gilt auch für jene, die bereits mit einer verdunkelten Seele geboren werden, mit einem Charakter, den sie sich in früheren Leben aufgebaut hatten aus Eitelkeit, Gier und Machtlust. Sie können genau so aufsteigen und manchmal können sie sogar die Heiligen überholen. Luk. 13: ...*es sind Letzte, die werden Erste sein*. Wir wissen, wie es auf der Erde aussieht. Diese Texte sind sehr real. Der Kampf geht weiter, alle hundert Jahre mit anderen Menschen, denn auch die Wiedergeborenen erinnern sich nicht an frühere Leben, sonst hätten sie kaum eine Chance.

...*diese werden mit dem Lamm Krieg führen, und das Lamm wird sie besiegen, denn er ist der Herr der Herren und der König der Könige, und seine Begleiter sind Berufene und Auserwählte und Gläubige.* Also wieder besondere Gruppen, Anfänger und Fortgeschrittene, gerade zum Glauben Erwachte und erprobte Heilige in dem langen Kampf. Das LAMM, ein Bild für den CHRISTUS, ist ohne Frage ein friedliches Tier. Das sagt etwas über die Mittel aus, mit denen es kämpft. Es versucht Menschen durch Überzeugung zu gewinnen, auch solche, die schon sehr böse geworden sind. Es ist eine ganz andere Art von Kampf, der aber zuletzt sicher gewonnen wird.

Der Untergang des großen Babylon (Kapitel 18)

> Darnach sah ich einen andern Engel aus dem Himmel herabkommen, der große Gewalt hatte, und die Erde wurde erleuchtet von seinem Lichtglanz. Und er rief mit mächtiger Stimme: »Gefallen, gefallen ist die große Stadt Babylon« und ist eine Behausung von Dämonen und ein Schlupfwinkel aller unreinen Geister und ein Schlupfwinkel aller unreinen und verhassten Vögel geworden; denn von dem Zornwein ihrer Unzucht haben alle Völker getrunken, und die Könige der Erde haben mit ihr Unzucht getrieben, und die Kaufleute der Erde sind von ihrer gewaltigen Üppigkeit reich geworden.

Und ich hörte eine andre Stimme aus dem Himmel sagen: Ziehet aus von ihr, mein Volk, damit ihr euch nicht an ihren Sünden beteiligt, und damit ihr nicht Anteil an ihren Plagen bekommt; denn ihre Sünden haben sich bis zum Himmel angehäuft, und Gott hat ihrer Verbrechen gedacht. Vergeltet ihr, wie sie euch vergolten hat, und zahlet ihr doppelt heim nach ihren Werken; in den Becher, den sie euch eingeschenkt hat, schenket ihr doppelt ein. In dem Maße, in dem sie sich selbst verherrlicht und Üppigkeit getrieben hat, bringet Peinigung und Trauer über sie! Denn sie sagt in ihrem Herzen: Ich throne als Königin und bin nicht Witwe, und Trauer werde ich nicht sehen. Deshalb werden an einem Tage ihre Plagen kommen, Pest und Trauer und Hunger, und sie wird mit Feuer verbrannt werden; denn stark ist der Herr, Gott, der über sie Gericht gehalten hat.
Und weinen und klagen werden um sie die Könige der Erde, die mit ihr Unzucht und Üppigkeit getrieben haben, wenn sie den Rauch ihres Brandes sehen, und werden aus Furcht vor ihrer Peinigung von ferne stehen und sagen: Wehe, wehe, du große Stadt, du mächtige Stadt Babylon, denn in e i n e r Stunde ist dein Gericht gekomen.
Und die Kaufleute der Erde weinen und trauern über sie; denn ihren Vorrat kauft niemand mehr, den Vorrat an Gold, Silber und Edelsteinen und Perlen und Linnen und Purpur und Seide und Scharlach, und allerlei wohlriechendes Holz und allerlei Elfenbeingerät und allerlei Gerät von kostbarstem Holz und von Erz und Eisen und Marmor, und Zimt und Haarbalsam und Räucherwerk und Salbe und Weihrauch und Wein und Öl und Semmelmehl und Weizen und Lasttiere und Schafe, und die Menge der Pferde und Wagen und Sklaven – sogar Menschenseelen.
Und das Obst, wonach die Begierde deiner Seele stand, ist von dir gewichen, und alles Fette und Glänzende ist dir dahingeschwunden, und man wird es nimmermehr auffinden. Die Kaufleute, die mit diesen Dingen handeln, die an ihr reich geworden sind, werden aus Furcht vor ihrer Peinigung weit weg treten; weinend und trauernd werden sie sagen: Wehe, wehe du große Stadt, die angetan war

mit Linnen und Purpur und Scharlach und übergoldet mit Gold und Edelsteinen und Perlen; denn in e i n e r Stunde ist dieser große Reichtum verwüstet worden.

Hier müssen wir einmal unterbrechen. In diesem Teil gibt es wiederholte Aufzählungen von Luxusgütern, wie sie in Hochkulturen der Menschen zu finden waren und wie sie heute über die ganze Erde verteilt sind. Denn auch in den ärmsten Ländern gibt es reiche Leute. *Die Stadt Babylon ist die Menschheit, die an diesen Gütern hängt,* mit ihnen handelt und alle ihre Energie aufwendet, um noch reicher zu werden. Die Menschen haben die hohe Möglichkeit ihres Lebens verpasst. Sie trauern, wenn sie die irdischen Güter verlieren, aber über die versäumte Verbindung zu Gott trauern sie noch nicht. *...das Obst, wonach die Begierde deiner Seele stand, ist von dir gewichen.* Hier geht es um mehr. Eine vage Erinnerung, dass die Seele sich einst nach Früchten der Erkenntnis ausgestreckt hatte, löst hier ein Unbehagen aus. Da ging etwas verloren, was man nicht zurückkaufen kann. Und plötzlich sind die irdischen Güter glanzlos und unwichtig geworden. Eine innere Wüste macht sich breit. Nun gehen wir weiter im Text:

> Und alle Steuerleute, und alle, die auf dem Meere fahren, und die Schiffsleute, die auf dem Meer ihr Gewerbe treiben, traten weit weg und riefen, als sie den Rauch ihres Brandes sahen: Wer war der großen Stadt gleich? Und sie warfen Staub auf ihre Häupter und riefen weinend und trauernd: Wehe, wehe, du große Stadt, in der aus ihrem kostbaren Gut sich alle bereicherten, die ihre Schiffe auf dem Meere hatten; denn in e i n e r Stunde ist sie verwüstet worden.

Fast gleich ist die letzte Formulierung, das Wehgeschrei, wie im vorigen Absatz. Aber im ersten Fall galt das Wehe den verlorenen kostbaren Gütern, im zweiten den Besitzern, also der großen Stadt selbst, der über die Erde verteilten Menschheit, die ihre Energie und ihr Begehren vollkommen in den irdischen Besitz, aber auch in Macht und Eitelkeit ihrer Personen investiert hatten. Steuerleute und Schiffsleute – beide fahren auf dem großen Ozean der Menschheit und holen sich ihren Teil von den

Geschäften. Sie leben von dem, was andere erarbeiten. Aber auch sie weinen, wenn nichts mehr zu holen ist. Nun geht es weiter. Eine Überraschung steht uns noch bevor:

> Frohlocke über sie, du Himmel und ihr Heiligen und ihr Apostel und ihr Propheten! Denn Gott hat euch an ihr gerächt.
> Und ein starker Engel hob einen Stein auf gleich einem großen Mühlstein, warf ihn ins Meer und sprach:
> So wird die große Stadt Babylon mit einem Schwung weggeworfen werden, und sie wird nicht mehr zu finden sein. Und ein Ton von Harfenspielern und Musikern und Flötenspielern und Trompetenbläsern wird nicht mehr in dir gehört werden, und kein Künstler in irgendeiner Kunst wird mehr in dir gefunden werden, und das Geräusch der Mühle wird nicht mehr in dir gehört werden, und das Licht der Lampe wird nicht mehr in dir scheinen, und die Stimme des Bräutigams und der Braut wird nicht mehr in dir vernommen werden – deine Kaufleute waren nämlich die Großen der Erde – weil durch deine Zauberei alle Völker verführt wurden; und in ihr wurde das Blut der Propheten und Heiligen gefunden und aller derer, die auf Erden hingeschlachtet worden sind.

Das 18. Kapitel der Offenbarung ist hiermit zu Ende. Aber der Text des letzten Abschnitts hat es in sich! Da liegen wieder mehrere Symbole übereinander und müssen sorgfältig betrachtet werden. Wir stellen fest, dass manchmal in einem Satz Personen und Überbegriffe wechseln; ebenso Gegenwart, Vergangenheit und Zukunft. Das ist keine fehlerhafte Übersetzung, sondern eine behutsame Vermittlung höherer Dimensionen, die alle Zeiten vereint, ebenso Einzelwesen und große und kleine Gruppen.

Gott hat das Blut der Märtyrer an Babylon gerächt. Propheten, Apostel und Heilige haben zu allen Zeiten Zeugnisse von Gott abgelegt und viele von ihnen mussten es mit ihrem Leben bezahlen. Diese höchste Botschaft an die Menschheit, dass der Schöpfer allen Lebens für Menschen, die ihn anrufen, erreichbar ist, ist gut vergleichbar mit *Musik* und verschiedenen Instrumenten und Klängen. Aber auch dieses Symbol wird noch mehrfach überlagert: *...das Geräusch der Mühle,* ein Symbol für Ernährung durch Brot. Und um es ganz deutlich zu machen: *...die Stimme des Bräutigams und der Braut wird nicht mehr gehört.* Also die Stimme von Jesus Christus und seinen Nachfolgern: Die Braut, oder auch der Christuskörper.

Die Botschafter ziehen sich zurück. Die Menschen in Babylon verdienen ihre Opfer nicht mehr. Diese Drohung ist nicht nur zeitlich und historisch zu sehen, denn die Zeit dreht sich immer weiter. Andere Menschen in neuen Jahrhunderten geraten in dieselbe Abhängigkeit von ihren Lüsten und oberflächlichen Lebenszielen. Denken wir nur an die 24 Ältesten um den Thron Gottes, die den Sternenkreis unserer Galaxie immer neu durchlaufen. Die Drohung kann aber auch wahr sein in jedem einzelnen Menschenleben.

Jeder bekommt zwei oder drei geistliche Anrührungen in seinem Leben. Genug, um ihn zu erwecken. Wenn er alle ignoriert, hat er sie verloren. Einige Male wird er noch in die Unterwelt gehen, um irgendwann mit einer neuen Chance geboren zu werden – solange die Zeit gegeben ist. Aber auch diese Chancen laufen aus. Hierzu Lukas 13,25: *...sobald der Hausherr aufgestanden ist und die Tür geschlossen hat...*

In den verschiedenen Endzeitreden von Jesus taucht diese Warnung von der auslaufenden Zeit immer wieder auf. In der Offenbarung wird beides bestätigt: Die Chancen in der Zeit und der Abschluss der Entwicklungszeit auf der Erde. Und dann gibt es noch ein Zwischenreich auf der Erde, welches wir in den nächsten beiden Kapiteln sehen werden. Aber auch die Erde selbst ist ein physischer Körper und unsere Sonne wird eines Tages zur Supernova. Alle Materie vergeht. Der Geist lebt ewig. Deshalb ist das Evangelium von der Errettung der Seelen vollkommen realistisch.

Frohlocken im Himmel über den Fall Babylons (Kapitel 19, 1–10)

Darnach hörte ich etwas wie die laute Stimme einer großen Menge im Himmel, die sprachen: Halleluja, das Heil und der Ruhm und die Kraft unseres Gottes. Denn wahr und

> gerecht sind seine Gerichte; denn er hat die große Buhlerin gerichtet, die die Erde mit ihrer Unzucht verdarb, und hat das Blut seiner Knechte an ihr gerächt.
> Und zum zweiten Mal sprachen sie: Halleluja! Und ihr Rauch steigt auf in alle Ewigkeit. Und die 24 Ältesten und die vier Wesen warfen sich nieder und beteten Gott an, der auf dem Throne saß und sprachen Amen. Halleluja! Und eine Stimme ging aus vom Throne die sprach:
> Lobet unsern Gott, alle seine Knechte, die ihr ihn fürchtet, die kleinen und die großen!

Hier unterbrechen wir erst einmal. Wer sollte die Freude über ihren Sieg nicht verstehen – die Heiligen der Erde, die über Jahrtausende verfolgt, gequält und getötet wurden. Gott hat ihnen Recht verschafft, während sie selbst still gehalten hatten.

Bei dem zweiten Halleluja mischt sich ihre Stimme bereits mit der Stimme, die direkt vom Thron ausgeht. Ein wichtiger Hinweis auf die Vollendung im Geist. Erinnern wir uns an den Satz von Jesus: *...ich und der Vater sind eins!* Nun weiter im Text:

> Und ich hörte etwas wie die Stimme einer großen Menge und wie die Stimme vieler Wasser und wie die Stimme starker Donner, die sprachen: Halleluja! Denn der Herr, unser Gott, der Allmächtige, hat die Herrschaft angetreten. Lasset uns fröhlich sein und frohlocken und ihm die Ehre geben! Denn die Hochzeit des Lammes ist gekommen, und sein Weib hat sich gerüstet, und es wurde ihr gegeben, sich zu kleiden in glänzendes reines Linnen. Das Linnen nämlich sind die gerechten Taten der Heiligen. Und er sagte zu mir: Schreibe: Selig sind die, welche zum Hochzeitsmahl des Lammes geladen sind. Und er sagte zu mir: Diese Worte sind wahrhaftige Worte Gottes.
> Und ich warf mich zu seinen Füßen nieder, um ihn anzubeten. Und er sagte zu mir: Siehe zu, tu es nicht!
> Ich bin dein und deiner Brüder Mitknecht, die das Zeugnis Jesu haben. Gott bete an! – Das Zeugnis Jesu nämlich ist der Geist der Weissagung.

Wir haben es ja schon gehört: Die Nachfolger Christi sind die Braut, die aus vielen tausend Seelen durch die Zeiten hindurch gesammelt wurde. Johannes wirft sich hier zu seinen Füßen nieder. Er bekommt das gleiche Gebot, Gott allein anzubeten, wie es auch Jesus den Jüngern immer wieder gegeben hatte. Auch Johannes ist ja ein Teil des Christuskörpers und das himmlische Hochzeitsmahl ist die letzte Vereinigung der Zusammengehörigen. Wir haben es schon erfahren im Sendschreiben zu Laodicea. Aber um diesen gewaltigen Gottesplan mit der Menschheit der Erde zu begreifen, müssen wir alle Aspekte immer wieder neu betrachten. Nun kommt der letzte Abschnitt des 19. Kapitels:

Christus besiegt mit den himmlischen Heerscharen die beiden Tiere und ihr Heer (Kapitel 19,11–21)

> Und ich sah den Himmel geöffnet, und siehe da, ein weißes Pferd, und der darauf saß, heißt: *Treu und Wahrhaftig*. Und mit Gerechtigkeit richtet er und führt er Krieg. Seine Augen aber waren wie eine Feuerflamme, und auf seinem Haupte waren viele Kronen, und er trug einen Namen geschrieben, den niemand weiß, als er selbst. Und er war angetan mit einem Kleide, das in Blut getaucht war, und sein Name lautet: *Das Wort Gottes*. Und die Heere im Himmel folgten ihm nach auf weißen Pferden, bekleidet mit weißem reinem Linnen. Und aus seinem Munde geht ein scharfes Schwert hervor, dass er die Heiden damit schlage, und er wird sie mit eisernem Stabe weiden, und er tritt die Kelter des Zornweins des Grimmes des allmächtigen Gottes. Und er trägt am Kleid, und zwar an seiner Hüfte, den Namen geschrieben: *König der Könige und Herr der Herren*.

Wir unterbrechen hier: Die Erscheinung, die hier geschildert wird, wiederholt sich mit gleichen Einzelheiten wie die Erscheinung, die Johannes am Anfang der Offenbarung beschreibt. Die Details wiederholen sich einzeln, jeweils zu Beginn der sieben Sendschreiben an die Engel, die wir als geistige Stufenleiter für die Nachfolger Christi bis zur Vollendung analysiert haben. Nun weiter im Text:

Und ich sah einen Engel in der Sonne stehen, und er rief mit lauter Stimme allen Vögeln, die im Zenit fliegen, zu: Kommet und versammelt euch zum großen Mahle Gottes, damit ihr fresset das Fleisch der Könige und das Fleisch der Kriegsobersten und das Fleisch der Starken und das Fleisch der Pferde und derer, die darauf sitzen, und das Fleisch aller Freien und Sklaven und Kleinen und Großen!
Und ich sah das Tier und die Könige und ihre Heere versammelt, um Krieg zu führen mit dem, der auf dem Pferde saß, und mit seinem Heer.
Und das Tier wurde ergriffen und mit ihm der falsche Prophet, der vor seinen Augen die Zeichen getan hatte, durch welche er die verführte, die das Malzeichen des Tieres annahmen und die sein Bild anbeteten; lebendig wurden die beiden in den Feuersee geworfen, der von Schwefel brennt.
Und die Übrigen wurden getötet mit dem Schwert, das aus dem Munde dessen hervorging, der auf dem Pferde saß, und alle Vögel sättigten sich von ihrem Fleisch.

Hier geht es wieder um den Krieg im Himmel zwischen den Engeln Gottes und den Satansengeln. Offb. 12,7: *Und es entstand ein Krieg im Himmel...*, und Epheser 2,2 *...gemäß dem Äon dieser Welt, nämlich gemäß dem Beherrscher in der Luft, des Geistes, der jetzt wirksam ist in den Söhnen des Ungehorsams.* Und die siebente Zornschale wurde *auf die Luft* ausgegossen. Hier wiederholt sich alles noch einmal mit anderen Worten, aber es bleibt eine Geschichte *des Geistes*, in geistigen Bereichen, wo die *Gedanken und Gefühle der Menschen* sich sammeln, sie ihre Energien einsetzen und investieren. Die dunklen Geister (Herrscher in der Luft) werden *mit dem Schwert, welches aus dem Munde hervorgeht,* besiegt. Dieses Schwert kann scharf unterscheiden und richten mit der unausweichlichen Wahrheit in jeder einzelnen Seele. Und viele, die Gott gelästert haben, werden nach ihrem Tode mit Schrecken erkennen, welchem Geist sie stattdessen gedient haben mit ihrer ganzen Lebenskraft. Dann rufen sie nach einem neuen Körper für ihre entblößte Seele. Offenbarung 6,16, 6. Siegel: *...und sie sagten zu den Bergen und den Felsen: Fallet auf uns und verberget uns vor* *dem Angesicht dessen, der auf dem Thron sitzt, und vor dem Zorn des Lammes! Denn gekommen ist der große Tag seines Zorns, und wer kann bestehen?*

Ein Endzeitkapitel ist noch vor uns, das Zwanzigste, welches eine große Ausnahme darstellt und schon vielen Kopfzerbrechen verursacht hat. Nur wenn man die ganze Bibel kennt und immer wieder die Zusammenhänge aufspürt, kann man den gewaltigen Gottesplan wenigstens erahnen, soweit es Menschen möglich ist, die in der Regel in drei Dimensionen denken und in einer geraden Zeitlinie. Die höheren Dimensionen heben jedoch diese Struktur auf und manches sieht dann ganz anders aus.

Jesus gibt in seinen Endzeitreden (Lukas 13 und Lukas 21) viele Beispiele, an denen man erkennt, dass er selbst in den höheren Dimensionen dachte. Also machen wir weiter mit der Offenbarung:

Das tausendjährige Friedensreich auf Erden (Kapitel 20)

> Und ich sah einen Engel aus dem Himmel herabkommen, der den Schlüssel der Unterwelt und eine große Kette in seiner Hand hatte. Und er ergriff den Drachen, die alte Schlange, die der Teufel und der Satan ist, und legte ihn auf tausend Jahre in Fesseln und warf ihn in die Unterwelt und schloss zu und verriegelte über ihm, damit er die Völker nicht mehr verführte, bis die tausend Jahre vollendet wären.
> Nachher muss er auf kurze Zeit losgelassen werden.

Hier müssen wir kurz unterbrechen. Dieses berühmte *tausendjährige Reich* ist innerhalb der Geschichte der Menschheit eine Phase mit deutlich besseren Bedingungen für fortgeschrittene Seelen. Dieses Zeitalter wird bereits von Jesaja in seinem Kapitel 65 deutlich beschrieben. Bei der Zahl Tausend müssen wir uns daran erinnern, dass vor Gott tausend Jahre wie ein Tag sind. Betrachten wir mal eine Zeile aus Jesaja 65: *...denn wie das Alter des Baumes soll das Alter meines Volkes sein...* Bäume werden rund 1000 Jahre alt, manche noch viel älter. Ihre Nahrung wird wieder vegetarisch sein, wie am Anfang der Bibel, im

6. Schöpfungstag, bis zum Bund mit Noah. Da wird das Lebensalter auf 120 Jahre verkürzt und gleichzeitig die Fleischnahrung eingeführt. Im Kapitel 5 der Genesis gibt es eine Ahnentafel, wo das Alter der einzelnen Väter genannt wird. Vers 27: *Methusalahs ganze Lebenszeit betrug 969 Jahre.* 1. Mose, Kapitel 9, 29: *und Noahs ganze Lebenszeit betrug 950 Jahre.* Es gab also auf der Erde schon einmal ein solches Zeitalter.

Und die Offenbarung prophezeit es für die Zukunft, ebenso wie Jesaja. Die Erde ist 4,5 Milliarden Jahre alt. Unsere Wissenschaftler schätzen zurzeit, dass der Mensch seit rund 3 Millionen Jahren auf der Erde lebt. Von früheren Zeiten wissen wir nichts. So kann es sich möglicherweise hier um Wiederholungen halten, die immer wieder auslaufen, um die Menschen zu prüfen und zu läutern. Lesen wir erst einmal weiter:

> Und ich sah Throne, und sie setzten sich darauf, und es wurde ihnen das Gericht übergeben; und ich sah die Seelen derer, die enthauptet worden waren um des Zeugnisses über Jesus und um des Wortes Gottes willen und die das Tier nicht angebetet hatten noch sein Bild und das Malzeichen weder auf ihre Stirn noch auf ihre Hand angenommen hatten, und sie wurden wieder lebendig und herrschten mit Christus tausend Jahre. Die übrigen Toten wurden nicht wieder lebendig, bis die tausend Jahre vollendet waren. Dies ist die erste Auferstehung. Selig und heilig, wer Teil hat an der ersten Auferstehung! Über diese hat der zweite Tod keine Macht, sondern sie werden Priester Gottes und Christi sein und mit ihm herrschen die tausend Jahre.

Hier müssen wir unterbrechen. Selbst wenn wir davon ausgehen, dass dieses neue Zeitalter mit edleren Seelen auch Inkarnationen mit dem verkürzten Lebensalter von 120 Jahren betrifft, so ist es doch notwendig, dass in dieser Zeit dunklere Seelen sich nicht inkarnieren dürfen. Stellen wir uns doch die Menschen vor, die treue Zeugen für Gott und Christus waren, jedoch nur böse Zeiten erlebten und am Ende noch auf schreckliche Weise hingerichtet wurden, die niemals ihre Kinder aufwachsen sahen. Der letzte Schritt zur endgültigen Vergeistigung wäre für sie noch zu früh. Sie sehnen sich nach einem glücklichen Leben im Körper, welches ihnen nicht vergönnt war. Und sie sollen es bekommen! Hierzu Lukas 13,25: *...sobald der Hausherr aufgestanden ist und die Tür verschlossen hat und ihr anfangen werdet, draußen zu stehen...* Hier finden wir eine klare Übereinstimmung mit der Offenbarung. Aber auch diese Zeit geht wieder zu Ende! Die Übrigen, die sich in dieses Reich nicht inkarnieren durften, damit die Gequälten in Ruhe ihr Lebensglück genießen konnten, sollen nicht ewig warten. Es werden wieder die fünfte und sechste Posaune erschallen, damit auch sie aus der Unterwelt herauskommen dürfen zu einer neuen Chance.

Und auch die Angehörigen Christi müssen sich einer neuen Zeit der dunklen Prüfungen stellen, denn eine zu lange Zeit in Wohlstand und Sicherheit kann Menschen kraftlos machen. Jedoch gibt es für sie nicht den zweiten Tod, den Tod der Seele, das wurde ihnen ein für alle Mal versprochen. Siehe Sendschreiben zu Smyrna, Offenbarung 2,10: *...wer überwindet, dem soll durch den zweiten Tod kein Leid geschehen.* Also schauen wir, was weiter passiert im Kreislauf unserer Geschichte:

> Und wenn die tausend Jahre vollendet sind, wird der Satan aus seinem Gefängnis losgelassen werden, und er wird ausgehen, um die Völker zu verführen, die an den vier Ecken der Erde sind, den Gog und Magog, um sie zum Krieg zu versammeln, und ihre Zahl ist wie der Sand am Meer. Und sie zogen herauf auf die breite Fläche der Erde und umringten das Heerlager der Heiligen und die geliebte Stadt.
> Und es fiel Feuer vom Himmel und verzehrte sie. Und der Teufel, der sie verführte, wurde in den See des Feuers und Schwefels geworfen, wo auch das Tier und der falsche Prophet sind, und sie werden gepeinigt werden Tag und Nacht in alle Ewigkeit.
> Und ich sah einen großen weißen Thron und den, der darauf saß; und vor seinem Angesicht floh die Erde und der Himmel, und es fand sich keine Stätte mehr für sie. Und ich sah die Toten, die großen und die kleinen, vor dem Throne stehen, und es wurden Bücher geöffnet; und ein andres Buch wurde geöffnet, das das Buch des Lebens ist. Und die Toten wurden gerichtet auf Grund dessen, was in den Büchern geschrieben war, nach ihren Werken. Und das Meer gab seine Toten

wieder, und der Tod und das Totenreich gaben ihre Toten wieder, und sie wurden gerichtet, jeder nach seinen Werken. Und der Tod und das Totenreich wurden in den Feuersee geworfen. Dies ist der zweite Tod, der Feuersee. Und wenn jemand nicht im Buch des Lebens aufgezeichnet gefunden wurde, so wurde er in den Feuersee geworfen.

Auch wenn es in möglicherweise äonischen Abständen zwischen den Eiszeiten der Erde wieder goldene Zeitalter geben sollte, in denen einige ein glückliches Leben nachholen dürfen, bis sie wie Hiob *alt und lebenssatt* sterben können, so werden sie doch irgendwann mit dem Bösen wieder konfrontiert werden, wie es auch bei Hiob geschah. Dann kommt es zu letzten Prüfungen und Verführungen. *Gog und Magog* werden versammelt. *Gog* bedeutet Finsternis. Gog war der Fürst des Volkes Magog im Norden. Norden steht für Tod. Ein anderes Bild für die beiden Tiere. Die Menschenseelen, die sich sammeln zu einem finsteren Geistkörper, und der Satan, der sie sammelt und verführt, seine Zeichen anzunehmen an Kopf und Hand! Das steht für Denken und Handeln im Sinne des Bösen. Es endet mit dem Tod im Feuersee, dem zweiten Tod, der endgültigen Auslöschung der Seele. So oft ihnen auch neue Chancen in neuen Leben geschenkt wurden – sie haben alle vertan. Niemand ist darüber trauriger als Gott und Christus. *Denn Gott will, dass alle Menschen gerettet werden.* Aber einmal geht die Endzeit wirklich zu Ende.

Für die Erlösten kommt nun die Zeit zum Jubeln und zum Feiern. Dazu haben wir das himmlische Abschlussfest vor uns, die wundervollen Kapitel 21 und 22 in der Offenbarung mit der letzten großen Einladung an alle, die auf der Erde leben und die Botschaft noch hören können und sie annehmen.

Zur Ergänzung für die Endzeitkapitel empfehle ich noch einmal im Anhang die sieben Stufen abwärts, den Versuch einer Studie für die Dämonisierung von Menschen, spiegelbildlich zur weißen Leiter im Aufstieg zum Himmel anhand der sieben Sendschreiben an die Engel, ebenso den Artikel »Die Entstehung des Glaubens«. Und nun noch einmal in Kurzform der Inhalt der vier Endzeitkapitel zur vergleichenden Betrachtung:

Das 17. Kapitel über Babylon schildert, wie Energien von Menschen investiert werden und so geistige Kraftfelder bilden. Da *die Mutter der Gräuel der Erde* Seelen zusammenzieht, die Gott lästern, erlangen diese Gruppen immer für eine Weile große Macht. Aber jedes dieser Kraftfelder zerbricht früher oder später an der Standhaftigkeit der guten Menschen, die Gott lieben und Christus nachfolgen. Diese bilden das Gegenkraftfeld, den so genannten *Christuskörper*, von dem Jesus sagt: *Ich bin das Haupt und Ihr seid die Glieder.*

Im 18. Kapitel geht es darum, die Heiligen zu schützen, wenn es auf der Erde zu schlimm wird. Der einzelne Mensch kann sich dem dann kaum noch entziehen, denn die dunklen Seelen werden zu einer *Behausung von Dämonen und Schlupfwinkel aller unreinen Geister*. Die Stimme aus dem Himmel sagt: *Ziehet aus von ihr, mein Volk, damit ihr euch nicht an ihren Sünden beteiligt.* Hierzu zum Vergleich Jesaja 52,11: *Fort! Fort! Ziehet aus von dannen. Rühret nichts Unreines an!*

Im 19. Kapitel geht *der große Krieg zwischen Christus und Satan im Himmel* weiter und das *zweite Tier, der Satan* selbst, wird mit denen, die ihn anbeten, in den Feuersee geworfen. Dieser *zweite Tod* ist unumkehrbar. Der Feuersee ist ein anderes Feuer, welches allein Seelen vernichten kann, die von Natur aus äonisches Leben haben. Ganz gleich, ob sie gut oder böse sind.

Das 20. Kapitel ist das *Friedensreich*, in dem der Satan gebunden wird. Hier können Menschen ihr Lebensglück nachholen, welches ihnen durch ihr Märtyrertum versagt war, vorausgesetzt, sie sehnen sich nach einem langen, glücklichen Leben im Fleische, wie es bei Jesaja im Kapitel 65 geschildert wird. Da wir es in der Offenbarung jedoch mit höheren Dimensionen zu tun haben, ist es notwendig, hier über die Zeitfrage noch einmal zu meditieren. Zunächst sind die *tausend Jahre*, wenn man sie in eine irdische Zeitlinie hineinprojiziert, bestenfalls für jede einzelne Seele gültig, denn sie sollen ja das *Alter der Bäume* haben.

Jedoch gibt es noch zwei andere Möglichkeiten der Zeitbetrachtung: Die Leben könnten sich über viele Inkarnationen hinstrecken. Diesen Seelen ist ja zugesichert, dass ihnen durch den zweiten Tod kein Leid geschieht, dass also ihre Seele sich nicht auflösen kann. Sollten sie durch dunkle Geister in große Gefahr kommen, würden sie *entrückt* werden. Dazu kommen wir noch einmal später.

Die zweite Möglichkeit wäre eine Inkarnation in der gegenwärtigen Weltordnung, jedoch mit besonderem Schutz Gottes. Hierfür könnte das Wort von Paulus im Epheserbrief 2,2 passen:
...in denen ihr einst wandeltet gemäß dem Äon dieser Welt, nämlich gemäß dem Beherrscher der Luft, des Geistes, der jetzt wirksam ist in den Söhnen des Ungehorsams.

Es könnte also demnach alles gleichzeitig geschehen: Der Auszug aus der unreinen Welt, nicht örtlich, sondern geistig zu verstehen; der besondere Schutz an jedem Ort.

Einer meiner geistigen Lehrer, Charles Wendt in Berlin, sagte einmal: »Alle geistigen Reiche sind einander durchdringend am gleichen Ort.« Und ein späterer Lehrer, Adolf Heller aus Worms, sprach von einer »himmlischen Erstattungsstelle«, die guten Menschen ihr ersehntes Lebensglück nachliefern würde, wenn sie es im Kampf für Gott und gegen das Böse hingegeben hätten. Dieser Trost kommt ganz klar aus diesen Endzeitkapiteln in der Offenbarung. Nun wenden wir uns dem himmlischen Abschlussfest zu.

Das himmlische Abschlussfest

Offenbarung
Kapitel 21 und 22

Das neue Jerusalem (Kapitel 21)

Und ich sah einen neuen Himmel und eine neue Erde; denn der erste Himmel und die erste Erde sind verschwunden, und das Meer ist nicht mehr. Und ich sah die heilige Stadt, das neue Jerusalem, von Gott her aus dem Himmel herabkommen, gerüstet wie eine Braut, die für ihren Mann geschmückt ist.
Und ich hörte eine laute Stimme vom Throne her sagen: Siehe da, die Hütte Gottes bei den Menschen; und er wird bei ihnen wohnen und sie werden sein Volk sein. Und er wird alle Tränen abwischen von ihren Augen, und der Tod wird nicht mehr sein, und kein Leid noch Geschrei wird mehr sein; denn das Erste ist vergangen.
Und der auf dem Throne saß, sprach: Siehe, ich mache alles neu. Und er sagte zu mir, schreibe! Denn diese Worte sind zuverlässig und wahr. Und er sprach zu mir: Es ist geschehen. Ich bin das A und O, der Anfang und das Ende. Ich will dem Dürstenden aus dem Quell des Wassers des Lebens geben umsonst. Wer überwindet, wird dies ererben. Und ich werde sein Gott, und er wird mein Sohn sein.

Alles wird neu. Das *neue Jerusalem* (das bedeutet: *Gründung des Friedens*) kommt vom Himmel auf die Erde herab. Die Vollendeten, die jetzt leben, sehen keinen zweiten Tod, den Tod der Seele. Der irdische erste Tod wird ihnen nicht so viele Leiden verursachen, denn sie wissen um ihre himmlische Heimat und um das ewige Leben ihrer Seele, welches ihnen von Christus verheißen wurde.

> Den Feiglingen aber und den Ungläubigen und Befleckten und Mördern und Unzüchtigen und Zauberern und Götzendienern und allen Lügnern ist ihr Teil in dem See, der von Feuer und Schwefel brennt, und dies ist der zweite Tod.

Bei dieser seltsamen Aufzählung der Verdammten mischen sich scheinbar große und kleinere Sünder. Aber wer den *Heiligen und Wahrhaftigen* treffen will und dem *Vater der Lüge, dem Satan,* abschwört, darf auch nicht leichtfertig lügen. Die himmlische Familie Gottes, die aus allen Völkern durch Jahrtausende gesammelt wurde, muss ohne Fehl und Tadel sein.

> Und es kam einer von den sieben Engeln, die die sieben Schalen voll der letzten Plagen gehabt hatten, und redete mit mir und sprach: Komm, ich will dir die Braut, das Weib des Lammes, zeigen! Und er entrückte mich im Geist auf einen großen hohen Berg, und zeigte mir die heilige Stadt Jerusalem, wie sie von Gott her aus dem Himmel herabkam im Besitz der Herrlichkeit Gottes. Ihre Leuchte ist gleich dem kostbarsten Edelstein, wie ein kristallheller Jaspis. Sie hat eine große und hohe Mauer, sie hat zwölf Tore und auf den Toren zwölf Engel, und Namen sind angeschrieben, die die Namen der zwölf Stämme der Söhne Israels sind, und im Osten drei Tore, und im Norden drei Tore und im Süden drei Tore und im Westen drei Tore.
> Und die Mauer der Stadt hat zwölf Grundsteine und auf ihnen die zwölf Namen der zwölf Apostel des Lammes. Und der mit mir redete, hatte als Messstab ein goldenes Rohr, um die Stadt und ihre Tore und ihre Mauer zu messen.
> Und die Stadt bildet ein Viereck, und ihre Länge ist so groß wie ihre Breite. Und er maß die Stadt mit dem Rohr (und bestimmte ihr Maß) auf zwölftausend Stadien; und ihre Länge und Breite und Höhe sind gleich. 144 Ellen nach Menschenmaß, das auch Engelmaß ist.

Die Stadt (das symbolische himmlische Jerusalem) hat ein Viereck als Grundfläche, bei dem Länge und Breite gleich sind. Genau wie die Grundfläche einer Pyramide. Die vier Seiten haben eine gleiche Höhe.

Die Zahl 144 ist die potenzierte Zwölf, also zwölf mal zwölf. Ein klares Zeichen dafür, wie die göttliche Saat aufgegangen ist. In vielen Kulturen werden die Edelsteine der Erde den Monaten zugeordnet, diese wieder den zwölf dazu gehörigen Sternbildern und den unterschiedlichen Charaktertypen.

Die Tore in den vier Himmelsrichtungen, wie sie Hesekiel im Kapitel 40 bereits beschreibt, haben je zwei Nebentore, das ergibt wieder zwölf. Denken wir in diesem Zusammenhang noch einmal an das sechste und siebente Siegel. Im sechsten Siegel rufen die Ungläubigen bei ihrem Erwachen nach dem irdischen Tode erschrocken aus: *Berge fallet über uns*. Sie sind keineswegs begeistert, dass sie noch leben, sondern wollen sich neu bedecken. Zum ersten Mal denken sie nun an ein Gericht über ihre Taten auf der Erde. Im nächsten Absatz geht es um die 144.000 aus den zwölf Stämmen Israels, die nach dem Gottesplan im Voraus erwählt waren. Auch sie bringen eine reiche Ernte von erlösten Seelen mit in den Himmel. Und dann endlich kommt die Schar aus allen Völkern, Nationen, Stämmen und Sprachen, die durch Christus gewonnen und von ihm gereinigt wurden – *eine Schar, die niemand zählen kann*. So war es Abraham als Nachkommenschaft von Gott verheißen worden: So viele wie Sterne am Himmel oder Sandkörner in der Wüste. Das kann keine irdische Nachkommenschaft bedeuten, denn die ist zählbar und in den 144.000 enthalten; sondern das ist die geistige Ernte von Menschenseelen, die bei ihren göttlichen Anrührungen erwacht waren und sich freiwillig auf die Pilgerschaft machten.

Obwohl Gott will, dass alle Menschen errettet werden, haben doch einige ihre Anrührungen verschlafen oder nicht beachtet. Sie sind dann in der ersten Gruppe. Sie gehen in die Totenwelten. Solange die Zeit noch offen ist und der Hausherr nicht die Tür geschlossen hat (Lukas 13), können sie neue Chancen durch neue Geburten bekommen. Hierzu noch einmal Johannes 1, 11: *Er kam in das Seine, und die Seinen nahmen ihn nicht auf. So viele ihn aber aufnahmen, denen gab er Macht Gottes Kinder zu w e r d e n...*

Nun weiter im Text, bis zum Ende des Kapitels 21:

Und ihre Mauer ist aus Japis gebaut, und die Stadt ist reines Gold gleich reinem Glas. Die Grundsteine der Mauer sind aus Edelsteinen jeder Art köstlich bereitet; der erste Grundstein ist ein Jaspis, der zweite ein Saphir, der dritte ein Calzedon, der vierte ein Smaragd, der fünfte ein Sardonyx, der sechste ein Karneol, der siebente ein Chrysolith, der achte ein Beryll, der neunte ein Topas, der zehnte ein Chrysopras, der elfte ein Hyazinth, der zwölfte ein Amethyst. Und die zwölf Tore waren zwölf Perlen; je eins der Tore bestand aus einer einzigen Perle. Und die Straße der Stadt war reines Gold, wie durchsichtiges Glas. Und einen Tempel sah ich nicht in ihr; denn der Herr, der allmächtige Gott, ist ihr Tempel, und das Lamm.
Und die Stadt bedarf nicht der Sonne noch des Mondes, dass sie ihr scheinen; denn der Lichtglanz Gottes erleuchtete sie, und ihre Leuchte ist das Lamm.
Und die Völker werden in ihrem Lichte wandeln, und die Könige der Erde bringen ihre Herrlichkeit in sie.
Und ihre Tore werden nicht geschlossen werden am Tage – denn dort wird es keine Nacht geben – und man wird die Herrlichkeit und die Pracht der Völker in sie bringen.
Und nicht wird irgendetwas Unreines in sie eingehen, noch wer Gräuel und Lüge übt, sondern nur die, welche im Lebensbuch des Lammes geschrieben stehen.

Und ihre Mauer ist aus Jaspis gebaut, und die Stadt ist reines Gold gleich reinem Glas. Die Grundsteine der Mauer sind aus Edelsteinen jeder Art köstlich bereitet, und die zwölf Tore beziehen sich sowohl auf die zwölf Stämme des ursprünglichen Modellvolkes wie auch auf die zwölf Apostel des Christus. Die ganze Bibel wird hier sichtbar in ihrer großartigen Struktur und Einheit, obwohl die unterschiedlichen inspirierten Schreiber der einzelnen Teile, die sich über Jahrtausende verteilten, davon keine Ahnung hatten. Am Ende würde dieses einmalige Werk, mit dem sich der Schöpfer des Universums seinen Geschöpfen bekannt macht, so vollkommen sein wie ein Blütenkelch.

Die Grundsteine der Stadtmauer werden als Edelsteine beschrieben, die aus den edlen schweren Atomen gebildet sind, aus denen allein Körper wie unsere und unser Planet Erde entstehen können. Da es im Kosmos hauptsächlich Wasserstoff und Helium gibt (nach dem gegenwärtigen Stand unserer Wissenschaft), bedarf es der Explosion einer Supernova, wodurch die Metalle, Kohlenstoff und andere schwere Atome entstehen und in das All geschleudert werden. Auf einer langen Reise ballen sie sich zusammen, bis schließlich Planeten wie unsere Erde entstehen. Und wieder dauert es Jahrmillionen, bis auf der Oberfläche Lebewesen entstehen können, deren Körper neben dem Wasserstoff ebenfalls die kostbaren schweren Atome als Baustoff benötigen. Wenn wir uns diese Voraussetzungen klar machen, die wir durch unsere Physiker erlernen können, sehen wir, wie kostbar für den Schöpfer eine Menschenseele sein muss und wie lange deren Erziehung dauern kann, bis sie vollkommen gereinigt in die himmlischen Welten aufsteigen kann.

Die himmlischen Tore sind niemals geschlossen, aber nur gereinigte Seelen können hineingehen. Diese Seelen sind im Buch des Lebens eingeschrieben. Dies ist die höchste Voraussetzung, die niemand schneller erringen kann als durch *Jesus Christus*. Hierzu Hebräerbrief 7,24: *Dieser aber hat, weil er in Ewigkeit bleibt, das Priestertum als ein unwandelbares inne. Und kann daher die, welche durch ihn zu Gott kommen, auch völlig erretten.*

Nun beginnt Kapitel 22, **die große Einladung an die Menschheit.**

> Und er zeigte mir einen Strom des Wassers des Lebens, klar wie Kristall, der vom Throne Gottes und des Lammes ausging. Inmitten ihrer Straße und auf beiden Seiten des Stromes standen Bäume des Lebens, die zwölf Früchte tragen, indem sie jeden Monat ihre Frucht bringen; und die Blätter der Bäume dienen zur Heilung der Völker. Und nichts dem Fluche Verfallenes wird es mehr geben.
> Und der Thron Gottes und des Lammes wird in ihr sein, und seine Knechte werden ihm dienen, und sie werden sein Angesicht schauen, und sein Name wird auf ihren Stirnen sein. Und es wird keine Nacht mehr geben, und sie bedür-

fen nicht des Lichtes einer Lampe noch des Lichtes der Sonne; denn Gott der Herr wird über ihnen leuchten, und sie werden herrschen in a l l e Ewigkeit.

Diese wundervollen Verse klingen so einfach und dennoch enthüllen sie ein letztes Geheimnis, welches wir nicht so schnell überlesen wollen. Alle Lichter des Kosmos (Sonnen) und auch der Menschen (Lampe) werden hier in dem Reich Gottes, einem Reich reinen Geistes, überflüssig. Gott brachte das Universum hervor, aber Er war schon vorher da! Das Licht des Geistes offenbart sich in jeder Idee, ohne jede Hilfe von außen. Wer hier angekommen ist, erfährt die höchste Form der Ewigkeit: *in alle Ewigkeit*. Es gibt an vielen anderen Stellen in der Bibel auch eine Zeitspanne *von Ewigkeit zu Ewigkeit*, an der doch ein Ende steht.

Aber nun gehen wir weiter im Text:

Schlussermahnungen. Das baldige Kommen Jesu (Kapitel 22,6–21)

> Und er sprach zu mir: Diese Worte sind zuverlässig und wahr, und der Herr, der Gott der Geister und Propheten, hat seinen Engel gesandt, seinen Knechten zu zeigen, was in Bälde geschehen soll. Und siehe, ich komme bald. Selig ist, wer die Worte der Weissagung dieses Buches festhält. Und ich, Johannes, bin es, der dies hörte und sah; und als ich es gehört und gesehen hatte, warf ich mich nieder, um anzubeten vor den Füßen des Engels, der mir dies zeigte.
> Und er sagte zu mir: Tu es nicht! Ich bin dein und deiner Brüder, der Propheten, Mitknecht und derer, die die Worte dieses Buches festhalten. G o t t b e t e a n ! Und er sagte zu mir: Versiegle die Worte der Weissagung dieses Buches nicht! Denn die Zeit ist nahe.
> Wer Unrecht tut, der tue weiter Unrecht, und wer unrein ist, verunreinige sich weiter, und der Gerechte übe weiter Gerechtigkeit, und der Heilige heilige sich weiter! Siehe ich komme bald und mein Lohn mit mir, um jedem zu vergelten, wie sein Werk ist. Ich bin das A und das O, der Erste und der Letzte, der Anfang und das Ende.

Selig sind, die ihre Kleider waschen, damit sie Macht über die Bäume des Lebens erlangen und durch die Tore der Stadt eingehen. Draußen sind die Hunde und die Zauberer und die Unzüchtigen und Mörder und die Götzendiener und alle, die die Lüge lieben und üben.

Dies sind wirklich letzte Warnungen an jeden. Johannes als Empfänger der Offenbarung tritt hier noch einmal persönlich in Erscheinung, ebenso der Engel, dem er die Ehre gibt. Die Mahnung: Gott allein soll angebetet werden! *Wer Unrecht tut, der tue weiter Unrecht – der Gerechte übe weiter Gerechtigkeit... der Heilige heilige sich weiter!* Diese auffällige Statik tritt ein beim Überschreiten der Todesgrenze. Aus den sieben Siegeln kennen wir die unterschiedlichen Räume, in welche die Toten hinübergehen. Schon Salomo warnt im Prediger 9,10: *Alles, was du tun kannst, das tue nach deinem Vermögen, denn in der Unterwelt, wohin du gehst, gibt es nicht Schaffen noch Planen, nicht Erkenntnis, noch Weisheit mehr.* Aber das gilt nicht für die Gerechten, die mindestens *Anteil vom Baum des Lebens im Paradies* haben werden (1. Sendschreiben zu Ephesus), und schon gar nicht für die Heiligen, die sofort in den Himmel aufsteigen. Aber das wurde möglich durch Jesus Christus und das Evangelium, welches Salomo – rund 1000 vor Christus – noch nicht kannte.

Nun endlich kommt **die letzte große Einladung**, und dann darf gefeiert werden:

Ich, Jesus, habe meinen Engel gesandt, euch dies für die Gemeinden zu bezeugen. Ich bin der Wurzelspross und das Geschlechts Davids, der glänzende Morgenstern:
Und der Geist und die Braut sprechen: Komm! Und wer es hört, der sage: Komm! Und wer dürstet, der komme, und wer will, der nehme das Wasser des Lebens umsonst!

Dies ist vielleicht der schönste Vers der Bibel. Zumindest zeigt er die Vollendung des Gottesplanes zur Erlösung der Menschheit durch Christus, der sich hier noch einmal als *Bräutigam* vorstellt. Und dann sprechen *der Geist und die Braut* (die durch die Zeit hindurch gesammelten Seelen), sie laden hier gemeinsam ein. Aber es geht noch weiter. Denn jeder, der die Einladung hört und versteht, soll nicht einfach für sich selber loslaufen, sondern er wendet sich anderen zu und wird selbst zum Einlader! Jeder, der wirklich dürstet, also eine echte Sehnsucht nach Gott hat, wird die Einladung gern annehmen. Es ist jedoch immer noch freiwillig, denn nur ein ganz freier Mensch kann wirklich zu dieser höchsten Vollmacht heranwachsen und selber im Namen Christi Einlader für Gott werden. *Das Wasser des Lebens ist der Geist, der alles lebendig macht.* Er kostet nichts, nur die volle Hingabe und Gottesliebe jeder einzelnen Seele.

> Ich bezeuge jedem, der die Worte der Weissagung dieses Buches hört: Wenn jemand zu ihnen etwas hinzufügt, wird Gott ihm die Plagen zufügen, die in diesem Buch beschrieben sind. Und wenn jemand etwas hinwegnimmt von den Worten des Buches dieser Weissagung, wird Gott seinen Anteil an den Bäumen des Lebens und an der heiligen Stadt hinwegnehmen, die in diesem Buch beschrieben sind.
> Es sagt der, welcher dies bezeugt: Ja, ich komme bald. Die Gnade des Herrn Jesus sei mit allen.

Hier haben wir zum Abschluss der Bibel nun auch das dreifache Siegel unter dem göttlichen Testament an die Menschheit. Als sich Jesus nach seiner Auferstehung von seinem Jüngern verabschiedet, sagt er in Matthäus 28, 18–20: *Mir ist alle Gewalt gegeben im Himmel und auf Erden. Darum gehet hin und machet alle Völker zu Jüngern und taufet sie auf den Namen des Vaters, des Sohnes und des Heiligen Geistes, und lehret sie alles halten, was ich euch befohlen habe! Und siehe, ich bin bei euch alle Tage bis an der Welt Ende.*

So wird auch das Testament Gottes versiegelt. Zunächst ist es das Siegel unter der Offenbarung Christi an Johannes (jenes *Büchlein*, welches nur 20 Druckseiten hat, im Mund süß wie Honig ist, und dann im Bauche bitter wird – Offb. 10,10); zweitens das Siegel unter dem Neuen Testament *(die vier Evangelien, die Apostelge-*

schichte, die Apostelbriefe, die Offenbarung), und drittens das Siegel unter der ganzen Bibel *(Altes Testament, Neues Testament, Offenbarung)*. Nur dem, der die Gesamtheit des Wortes Gottes als untrennbare Einheit versteht und ehrt, kann sie sich in allen Zusammenhängen öffnen und erschließen.

Es versteht sich von selbst, dass man ein Testament nicht ändern darf. Hierzu sagt auch Paulus (Galater 3,15): *...Niemand stößt doch auch nur eines Menschen Testament um, nachdem es in Kraft erklärt ist, oder verordnet etwas hinzu.* Wer jedoch das Testament Gottes anrührt, muss mit Plagen und Verlusten rechnen. Denn das kann nicht ungesühnt bleiben, weil es anderen Menschen großen Schaden zufügt.

Hier geht es nicht um unterschiedliche Ausdrücke bei Übersetzungen in allen Sprachen, sondern um einen Eingriff, der den Sinn verändert, der eine Information unterschlägt oder etwas dazu erfindet, was nicht wirklich dasteht.

Die Gläubigen aber, denen das Wort Gottes, die Bibel, ein kostbarer Begleiter durch ihr Leben ist, ein Tröster in Schwierigkeiten und ein hoher, zuverlässiger Lehrer auf dem Weg in die himmlischen Welten, denen liegt es ohnehin ferne, daran leichtfertig etwas zu verändern. Sie werden Lektionen lernen, die schwierig sind, manchmal sogar unverständlich am Anfang. Wer aber nicht aufgibt und weiter forscht, dem werden gerade die schwersten Kapitel ein großes Licht bringen. Denen, die treu sind, winken der sichere Sieg und das himmlische Abschlussfest, zu dem sie dann selber mit einladen dürfen: *Der Geist und die Braut sprechen komm!*

Zwischenbericht

Der zweite Brief an die Leser

Liebe Freunde,

die Offenbarung ist nun zu Ende. Dieses *Büchlein*, welches Johannes verschlingen sollte im 10. Kapitel, erschien ihm im Munde süß wie Honig, aber später wurde es ihm bitter im Bauche. Das Büchlein umfasst in meiner Bibel genau 20 Druckseiten. Und doch wird die ganze Menschheit über viele Jahrtausende nicht damit fertig werden, solange sie den Text ernsthaft studiert und zu entschlüsseln versucht. Möglicherweise ist es dem einen oder anderen von euch so ergangen wie dem Johannes. An dieser Stelle könnte man durchaus vermuten, dass Gott auch Humor hat.

Bei dem Studium der sieben Sendschreiben werden die Stufen geistiger Entwicklung auf dem Weg mit Christus zu Gott beschrieben. Da geht es nicht immer nur steil aufwärts, sondern ein Mensch kann auch zurückfallen und bereits Gewonnenes wieder verlieren. Wir sollen zwar weder uns noch andere einstufen, denn im 4. Sendschreiben steht ganz klar, dass Gott allein den Menschen ins Herz sehen kann. Er ist es, der Herzen und Nieren erforscht: Das Herz als Pumpe gibt Energie in alles, was wir tun; die Niere scheidet aus, was wir nicht tun wollen. Dabei zählt also auch die Motivation, entsprechend der Erkenntnisstufe. Hier also sollten wir uns klar machen, dass jeder die Offenbarung soweit verstehen und entschlüsseln kann, wie es seinem Fassungsvermögen entspricht.

Es ist schön, Gleichgesinnte zu finden, mit denen man sich gemeinsam an diesen göttlichen Botschaften erfreuen kann. Aber so mancher geht seinen Weg auch ganz allein, jedenfalls in dieser Welt. Christus wird ihn immer begleiten und die Engel der jeweiligen Stufe werden für die richtige Weiterbildung sorgen, durch alle Zeiten hindurch und manchmal auch durch viele Leben. Wer sich aber einmal ernsthaft mit diesem Stoff befasst hat, den lässt er nicht mehr los. Es gibt nichts Vergleichbares auf der Erde.

Ich danke euch nun, liebe Freunde, dass ihr so viel mit mir geteilt habt, teils in unseren Seminaren, teilweise aber auch einzeln in persönlichen Freundschaften oder in Kirchengemeinden. Auf die Weise lernen wir ja unsere himmlische Familie kennen, die weit größer ist, als wir uns bis jetzt vorstellen können. Wir alle zusammen bilden die *Braut Christi* und teilen die göttlichen Hochzeitsgeschenke der Geistesgaben. Nicht eine dieser Gaben könnte man auf der Erde kaufen oder durch Studium erwerben. Und doch stehen sie jedem zu, der sich aus ganzem Herzen und mit Liebe Gott zuwendet. Da geht niemand leer aus. Jedoch wird die Gabe stets seinen Neigungen entsprechen.

Ergänzend zu den sieben Sendschreiben findet ihr im Anhang *Sieben Stufen abwärts – die Karriere der Dämonen*. In dem Artikel wird klar, wie fast unmerklich die Verdunkelung einer Seele erfolgen kann, von der Kindheit an. Es ist eine pädagogische Betrachtung für alle Erzieher. Es wird aber auch die Beschreibung der beiden Tiere verständlicher machen und uns erinnern, dass jeder Gedanke, jeder Wunsch und jedes Ziel eines Menschen sich in höheren geistigen Kraftfeldern sammelt, die sowohl positiv wie negativ große Macht erlangen können. Die Geschichte gibt uns eine Fülle von Beispielen dieser Tatsache.
  Und zum Schluss findet Ihr noch eine Untersuchung, wie eigentlich Glauben an Gott und Christus entsteht: Durch Informationen, durch eigenes Erkennen oder durch Offenbarungen. Ein wichtiger Teil zur Selbstprüfung auf dem langen Pilgerwege.

Nun danke ich euch für alle Gemeinschaft und Mitarbeit, die wir so lange mit Begeisterung geteilt haben.
  Was wäre unser Leben ohne diese göttliche Bibel? Ich kann es mir jedenfalls nicht vorstellen. Also wünsche ich euch auch weiterhin viel Freude damit. Früher oder später sehen wir uns ja alle wieder! (Siehe Offenbarung, Kapitel 21–22).

Eure Freundin
Edith Krispien

DAS PYRAMIDEN-PRINZIP
IN DER BIBEL

Eine Pyramide hat vier Seiten, die vollkommen gleich sind. Gemeinsam bilden sie den ganzen Bau, der mit einer Spitze endet. Ganz allmählich entdeckte ich diese Bauweise in der Bibel, überall, wo ich eine Vierheit antraf. Und plötzlich öffnete sich mir das Geheimnis der ganzheitlichen Betrachtung, bei der jede Seite gleich wichtig ist, jedoch erst im Zusammenhang mit den anderen etwas Vollkommenes ergibt. Von da ab ging ich auf die Jagd nach Vierheiten, um sie zu entschlüsseln. Es wurde eine wunderbare Entdeckungsreise daraus, die ich hiermit gern vermitteln möchte.

Beginnen wir mit einem ersten Hinweis in der Offenbarung, Kapitel 21, bei der Beschreibung der himmlischen Stadt und des himmlischen Tempels, Vers 16: *Die Stadt bildete ein Viereck und ihre Länge und Breite sind gleich.* Da haben wir die Grundfläche einer Pyramide, denn bis zur Spitze werden nun auch ihre vier Seiten gleichwertig sein, jedoch von unterschiedlicher Bedeutung. Dann finden wir auch noch vier Tore der Stadt, vier Hörner des goldenen Altars, vier Engel an den vier Ecken der Erde und die vier Wesen im Thron Gottes. Daran erkennen wir schon, dass auch innerhalb eines Buches mehrere Vierheiten auftreten können, während das Buch selbst Teil einer großen Pyramide ist.

Nun betrachten wir einmal die ganze Bibel daraufhin. Wir bauen uns die erste große Pyramide. Wenn wir es richtig betrachten, müsste es uns ein neues Verständnis für die Schöpfung und die Entwicklung des Menschen erschließen:

Die erste Seite ist das Alte Testament. Die Evolutionsgeschichte der Physis in den sieben Schöpfungstagen, die Erschaffung einer Seele in der Astralwelt, die höhere Naturordnung mit reiferen Menschen, die neue Naturordnung mit Noah und Verkürzung der Lebenszeit auf 120 Jahre. Diese neue Menschheit bedarf der Belehrung und eines Gesetzes. Durch Moses erhält sie die zehn

Gebote, ein wahrhaft göttliches Konzept für alle Völker. Dann kommen die großen Menschengestalten, die in ihrer Beziehung zu Gott sowohl positive als auch negative Beispiele geben, an denen man sich orientieren kann. Und schließlich sind da die prophetischen Bücher: vier große und zwölf kleine Propheten. Auch hier ist also wieder eine Pyramide enthalten, die wir später gesondert betrachten müssen. Wichtig ist jedoch die Ankündigung des Messias durch die Propheten, was die Menschen in eine Erwartung setzt, worauf hin sie sich entwickeln sollen mit Hilfe des Gesetzes.

Die zweite Seite der ganzen Bibel ist das Evangelium. Das ist nun ganz klar eine Pyramide für sich, bestehend aus vier Evangelien. Hier wird es besonders wichtig, dass wir alle vier Seiten als *gleichwertige Teile eines Gebäudes* betrachten, weil wir so erst die volle Botschaft des großen Weltlehrers Jesus entschlüsseln können. Hier lernen wir JESUS kennen, den Gesandten Gottes für alle Menschen in allen Völkern. Er fasst das ethische Konzept der zehn Gebote zusammen in dem höchsten Lehrsatz: *Liebe Gott über alles – und deinen Nächsten wie dich selbst.*

Die dritte Seite der Bibel besteht aus der Apostelgeschichte und den Apostelbriefen. Hier werden nach dem Auftreten des Weltlehrers Jesus geistig erwachte Menschen erzogen und zur Vollendung gebracht. Sie lernen nun den Aufbau von spirituellen Familien in höchster geistiger Freiheit in ständiger Verbindung mit Gott. In der Apostelgeschichte fließen Erlebnisberichte von verschiedenen Menschen zusammen, ebenso von verschiedenen Zeiten und Orten. In den Apostelbriefen teilen sich hauptsächlich vier große Lehrer den wichtigen Unterricht: PAULUS, PETRUS, JOHANNES, JAKOBUS. Die Briefe richten sich an Gemeinden mit unterschiedlichem Reifegrad und auch an Einzelpersonen. Das ist eine wichtige Ausbildung und Hilfe für spätere Lehrer und Diener des Evangeliums.

Die vierte Seite der Bibel ist die Offenbarung. Sie enthält alle Wunder des Kosmos, der Gegenwart und der Zukunft, die Erkenntnis von Gut und Böse, die Lösung aller Gegensätze und das himmlische Abschlussfest. Da ist vor allem der Thron

Gottes mit den vier Wesen: Stier, Löwe, Adler, Mensch. Dann gibt es aber noch *vier Siebenheiten*: Die sieben Sendschreiben an die Engel als geistige Stufenleiter; die sieben Siegel als Drama von Leben und Tod für die Menschen, diesseits und jenseits von dieser Welt; die sieben Posaunen als Geburten auf der Erde, sowohl gute als auch böse Menschen, gläubige und ungläubige; die sieben Zornschalen als unpersönliches Schicksal, aber auch als Bild der zerstörerischen Kräfte auf der Erde. Und schließlich das himmlische Abschlussfest mit der großen Einladung an alle Menschen.

Wenn wir jetzt die vier Seiten der Bibel als Ganzheit betrachten, ergibt es einen anderen Sinn. Wir erkennen auch, wie falsch es ist, das alte Testament vom neuen abzukoppeln, weil dann die ganze Größe des Gottesplanes nur noch schwer zu erkennen ist. Nicht umsonst schließt die Offenbarung im letzten Absatz mit dem Hinweis, dass niemand etwas hinzufügen oder wegnehmen darf.

Die Bibel ist fertig! Schon allein in ihrer Struktur ist sie *ein Wunder an Vollkommenheit*. Sie besteht aus vielen Büchern, geschrieben von vielen Autoren oder göttlich inspirierten Sekretären (wie zum Beispiel Johannes beim Empfang der Offenbarung). Dann kamen die Übersetzungen in verschiedenen Sprachen – über Jahrtausende zusammengestellt. Und dennoch ist die Bibel genau wie ein Codebuch, eine vollkommene Einweihung, die nichts Vergleichbares auf Erden hat.

Viele Menschen suchen heutzutage nach Erkenntnissen auf allen möglichen Wegen und mit obskuren Konzepten. Dabei übersehen sie die höchste Offenbarung, die sie bereits zu Hause im Bücherschrank haben, ohne sie jemals zu entdecken. Machen wir diesen Fehler nicht und gehen wir lieber an die Arbeit. Es gibt ohnehin kaum etwas Spannenderes.

Greifen wir uns also *ein Beispiel für eine kleine Pyramide* aus dem alten Testament heraus.

Da sind die 4 großen Propheten: JESAJA, JEREMIA, HESEKIEL, DANIEL. Sie bilden eine wunderbare Einheit zum Verständnis der Entwicklung der Menschheit:

JESAJA ist der *Prophet für die Zeitlinie*, das chronologische Geschehen im Verlauf der Evolution. Solange die natürliche Entwicklung, wie sie in der Schöpfung vorausgeplant ist, nicht gestört wird, lassen sich spätere Phasen klar voraussagen. Stellen wir uns einen Bauern im März vor. Er hat das Feld gepflügt und die Saat ausgestreut. Er ist kein allzu großer Prophet, wenn er nun verspricht, dass in zwei Monaten das Korn grün und 20 cm hoch ist, im August gelb und 80 cm hoch. Er kennt die Naturgesetze. Nur einen ganz Unwissenden könnte er damit verblüffen. Nun kommt aber die zweite Seite der Pyramide ins Spiel:

JEREMIA. Er ist der *Karma-Prophet*, der die Unterbrechung der natürlichen Linie aufzeigt und die veränderten Folgen vorhersagt. Menschen können durch Opfer und edle Handlungen ihre geistige Entwicklung beschleunigen, sie können aber auch weit zurückfallen, indem sie Gott verlassen und gegen seine Gebote handeln. Jeremia zeigt das in seinen Klageliedern und Völkergerichten sehr deutlich. Auf diese Weise wird die Zeitlinie verändert, so wie auch der Bauer mit seiner Prophezeiung falsch läge, wenn die Ernte durch Feuer oder Hagel zerstört würde. Es ist jedoch tröstlich zu lesen, dass Jeremia jedes Gericht über ein Volk mit dem Satz abschließt: *Aber am Ende der Tage wird der Herr ihr Geschick wieder wenden.* Die Entwicklung der Menschen geht jedoch zwischen den Inkarnationen in den Totenwelten weiter. Erlebtes wird aufgearbeitet und im Rückblick besser verstanden. Damit kommen wir zur dritten Seite unserer Pyramide:

HESEKIEL. Er ist der *Prophet für die Totenwelten*. Ihm wird befohlen, durch die Wand zu gehen und die Menschen in der Unterwelt mit ihren Rauchgefäßen zu beobachten. Sie erneuern sich mit dem Rauch ihre *Bildkammern*, die Vorstellungswelt, in der sie leben und aus der sie sich noch nicht lösen können. Dies gilt besonders für solche Menschen, die mit Rache im Herzen und dem Wunsch nach Vergeltung die Todesgrenze überschreiten und sich so ihre eigene Hölle zimmern, bis sie ausgeraucht sind. Dann sind sie möglicherweise bereit, sich wieder zu inkarnieren oder auch in höhere Astralwelten aufzusteigen. Nun fehlt uns noch die vierte Seite, die uns bis in die himmlischen Welten hinaufführt.

DANIEL. Er ist der Prophet für *die himmlischen Welten,* für geistig erwachte Menschen, die bereits Bürger himmlischer Welten sind, wenn sie in dieser Welt sterben. Gewaltige Visionen, *versiegelt für eine ferne Zeit,* sind typisch für dieses Buch. Die *Männer im Feuerofen,* die *Löwengrube,* das *Menetekel* und sogar ein *Besuch des Erzengels Gabriel,* der für die Erde zuständig ist, zeugen von dem hohen Einweihungsstand dieses Propheten und von seinem zuständigen Aufgabenbereich.

Unsere Pyramide aus den vier großen Propheten aus dem alten Testament ist nun komplett. Es lohnt, sich nun eigenständig mit diesen Texten weiter zu befassen und das Gesamtbild dabei nicht aus den Augen zu verlieren.

Aber lassen wir uns nun nicht verführen, DANIEL über die anderen zu setzen, wie es bei den Evangelien oft mit Johannes gemacht wird. Schauen wir intensiv und gründlich nachdenkend alle vier Seiten dieser Pyramide an. Schnell wird dann klar, dass man hier keine Seite vernachlässigen kann. Sie führen gemeinsam auf die Spitze und bilden eine Ganzheit.

Nun kommen wir zur *zweiten Seite der Gesamtbibel:* Das Evangelium, von vornherein als Pyramide mit vier Seiten erkennbar. Allerdings wird auch hier immer versucht, sie übereinander einzuordnen, wobei dann das Johannes-Evangelium stets als höchste Stufe interpretiert wird, während man die anderen drei nur sehr schwer gestaffelt sehen kann. Sie sind aber *alle vier gleichwertig* und gleich bedeutend. Zusammen sind sie vollkommen. Vier Aspekte über die Erscheinung des Weltlehrers auf dieser Erde, seine kosmische Bedeutung, seine Lehre, sein Opfer, seine Auferstehung, sein Geschenk an die Menschheit in Form der Geistausgießung an alle, die es ergreifen wollen.

Um das Pyramiden-Prinzip der Evangelien richtig zu erkennen, wählen wir am besten zwei Beispiele der Betrachtung (dies lässt sich beliebig nach Themen erweitern) aus – der Beginn aller vier Evangelien und der Abschied von Jesus vor seiner Himmelfahrt in vier Darstellungen:

MATTHÄUS beginnt mit der irdischen Abstammung Jesu Christi, mit der Ahnenlinie bis zu *Joseph*, dem auserwählten Familienvater des göttlichen Kindes. Wer die Evangelien verstehen will, muss sich die Bedeutung unseres größten himmlischen Besuches auf Erden vollkommen bewusst machen. Damit man die Sache aber nicht darauf beschränkt, dass hier ein ganzes Volk 2000 Jahre lang auf sein Kommen hin von Gott erzogen und vorbereitet wurde, macht das erste Kapitel im Matthäus-Evangelium noch eine interessante Wendung im Vers 17: *Alle Geschlechter nun von Abraham bis zu David sind vierzehn Geschlechter, und von David bis zur Wegführung nach Babylon sind es vierzehn Geschlechter, und von der Wegführung nach Babylon bis zu Christus vierzehn Geschlechter.* Also 3 mal 14, das sind klar 6 mal die 7. Nach dem Ende der sechs Siebenheiten tritt mit der Geburt von Jesus die siebente Siebenheit ein. Ein neues Weltzeitalter, welches nicht umsonst auch unseren Kalender bestimmt. Unsere Jahreszahlen rechnen vor und nach Christi Geburt, fast in allen Teilen der Erde.

Erinnern wir uns an die Erschaffung des Menschen in der Evolution im 6. Schöpfungstag. So weit geht die vorprogrammierte Entwicklung. Die Vollendung setzt jedoch die freiwillige Öffnung des Menschen für Gott voraus, erst dann tritt er in die 7 ein. Also beginnt im neuen Testament der Christus auch in der 7, eine unbestimmte und offene Zeit für die ganze Menschheit. Im Anschluss kommt bei Matthäus eine Weihnachtsgeschichte, also die Geburt des verheißenen Weltlehrers und Erlösers, in der wieder Joseph eine besondere Rolle spielt.

MARKUS beginnt mit dem großen *Vorarbeiter des Weltlehrers*, nämlich mit *Johannes dem Täufer*. Er soll die Menschen zur Reinigung durch Buße aufrufen, damit sie die Bergpredigt überhaupt hören und aufnehmen können, was übrigens heute wie damals die Voraussetzung ist. Hier haben wir die Verklammerung des alten und des neuen Testaments, *denn dieser Johannes ist die Reinkarnation des Elias*, dessen Wiederkehr durch den Propheten Maleachi, Kap. 4, Vers 5 vorausgesagt wird. Damit schließt das alte Testament. Jesus bestätigt es im Matthäus 11, 13–15 : *Denn alle Propheten und das*

Gesetz haben auf Johannes hin geweissagt, und wenn Ihr es annehmen wollt: Er ist Elia, der kommen soll. Wer Ohren hat, der höre! Im Markus 9, 11–13: *Aber ich sage euch: Elia ist wirklich gekommen, und sie taten mit ihm, was sie wollten, wie über ihn geschrieben steht.* Auch Lukas geht noch einmal darauf ein, Kap. 7, 27: *Ja, ich sage euch: Dieser ist's, über den geschrieben steht: »Siehe, ich sende meinen Boten vor deinem Angesicht her, der deinen Weg vor dir bereiten wird.«*

LUKAS beginnt mit der Ankündigung der hohen Geburt *bei Maria durch den Engel Gabriel*. Ein wichtiger Aspekt, denn schließlich handelt es sich hier um ein Gottesbuch. Maria als auserwählte Mutter aus einem auserwählten Volk kommt hier zu ihrer Bedeutung. Ihre Begegnung mit Gabriel – und ihr wundervolles Loblied – gehen der Weihnachtsgeschichte voraus. Dann schließt sich die Beschneidung im Tempel an, wo die Propheten Simeon und Hanna ihre Freude über das göttliche Kind ausdrücken. Schließlich wurde hier eine große Erwartung im Vertrauen auf Gott durch das Volk Israel 2000 Jahre lebendig gehalten.

JOHANNES beginnt mit einer eigenen Schöpfungsgeschichte in den herrlichen Versen: *Im Anfang war das Wort.* Auch Goethe hat mit diesem Satz den Faust eingeleitet. Johannes zeigt nun die ganze Bedeutung des *Christus* für alle Menschen, die ihn für sich als Erlöser annehmen, wodurch sie von *Geschöpfen Gottes* zu *Kindern Gottes* aufsteigen können. Kap. 1, Vers 12: *So viele Ihn aber aufnahmen, denen gab er ein Anrecht darauf, Gottes Kinder zu w e r d e n!* Im Vers 17 und 18 verweist er noch einmal auf Gott, das Gesetz durch Moses und das Gnadenprinzip Christi: *Denn das Gesetz ist durch Mose gegeben worden, die Gnade und Wahrheit ist durch Jesus Christus gekommen. Niemand hat Gott jemals gesehen, der einzige Sohn, der im Schoße des Vaters ist, der hat Kunde von ihm gebracht.*

Das waren also die vier Anfänge und Einleitungen der Evangelien. Es bleibt nun jedem überlassen, sich die vier Seiten dieser Pyramide genau anzusehen und durch ihre Ergänzungen untereinander besser verstehen zu lernen. Je mehr man sich damit befasst, um so klarer und größer wird es. Nehmen wir uns nun als zweites

Beispiel für eine Pyramide den Ausklang aller vier Evangelien, den Abschied des Auferstandenen von seinen Jüngern, sein Abschiedsgeschenk an uns alle und seine Himmelfahrt:

MATTHÄUS schließt mit der bedeutenden Aussage des scheidenden Christus, Kap. 28, 16–20: *Mir ist alle Gewalt gegeben im Himmel und auf Erden und siehe, ich bin bei euch alle Tage bis an der Welt Ende.* Dies ist in dem östlichen Religionskörper Buddhas auch das Gelübde eines Weltregierenden, der eine Menschenkette bis zur Vollkommenheit erzieht.

MARKUS schließt mit den Wunderzeichen, die gläubige Nachfolger Christi begleiten können, Kap.16, Vers 17–18: *(Jesus sagt): An Zeichen aber werden folgende die Gläubiggewordenen begleiten: In neuen Zungen werden sie reden; Schlangen werden sie aufheben, und wenn sie etwas Tödliches getrunken haben, wird es ihnen nicht schaden. Kranken werden sie die Hände auflegen, und sie werden genesen.* Dann kommt die Himmelfahrt, die hier nicht sichtbar geschildert wird.

LUKAS schließt im Kapitel 24, Vers 48, mit der Verheißung der Ausgießung des heiligen Geistes: *(Jesus sagt): Ich sende die Verheißung meines Vaters auf euch; ihr aber bleibet in der Stadt, bis ihr angetan werdet mit der Kraft aus der Höhe!* Der Mensch steht hier im Mittelpunkt, genau wie beim Anfang dieses Evangeliums. Im Anschluss segnet er seine Jünger und wird in den Himmel hinaufgehoben.

JOHANNES schließt mit der Prophezeiung für Johannes selbst. Kap. 21, im Vers 20–23 antwortet Jesus auf die Frage von Petrus *Herr, was aber wird aus diesem?*: *Wenn ich will, dass er bleibt, bis ich komme, was geht es dich an?* Diese Frage war besonders verständlich, nachdem Jesus Petrus angedeutet hatte, dass er selbst einen schweren Weg gehen würde. Dieser Vers wurde von vielen falsch gedeutet als Hinweis auf das Reich Gottes auf Erden. Im weitesten Sinne ist es sogar richtig, nur das viel zu kleine menschliche Denken über die Zeit führte zu kurzsichtigen Auslegungen. Schließlich hat ja Jesus dem schon sehr alten Johannes auf der Insel Patmos die Offenbarung diktiert und insofern war er ja für ihn wiedergekommen. Was jedoch nicht das große Wiederkommen Christi für die Menschheit bedeutet, womit noch einmal eine neue Weltordnung beginnen wird. Die Bibel sagt an dieser Stelle sogar die irrtümliche Auslegung voraus. Kap.21, Vers 23: *Da verbreitete sich diese Rede unter den Jüngern, dass jener Jünger nicht sterbe. Aber Jesus hatte zu ihm nicht gesagt, dass er nicht sterbe, sondern: Wenn ich will, dass er bleibt, bis ich komme, was geht es dich an?*

Das ist nun unsere zweite Pyramide innerhalb der Evangelien mit den Abschiedsreden Jesu. Wenn wir uns jetzt die Zeit nehmen, die vier Seiten mit einander zu vergleichen, bemerken wir immer klarer das Wunderbare an dieser gewaltigen Konstruktion aus Schriften, Geschichte, Offenbarungen und Prophezeiungen. Wir sehen die Pläne Gottes vom Beginn der Schöpfung an und menschliche Leistungen von Vertrauen, Erwartungen und Gehorsam. Erkenntnisse sind eine sehr persönliche Sache und hängen vom Standort jeder einzelnen Person ab. Aber niemand wird bei einer solchen Arbeit unbeschenkt bleiben, das kann ich versprechen.

Die gewaltigste Pyramide finden wir jedoch in der Offenbarung **in den vier Siebenheiten**

Hier sollte jeder für sich *die Entwicklungsleiter für die Menschheit* – und *für sich selbst* – gründlich betrachten; Stufe für Stufe von unten nach oben alle vier Seiten der sieben Sendschreiben, der sieben Siegel, der sieben Posaunen, der sieben Zornschalen. Dabei erschließen sich jedem, der sich ernsthaft damit befasst, neue Zusammenhänge.

Zur Orientierung betrachten wir hier eine kurze Zusammenfassung der sieben Stufen mit allen vier Seiten:

Erste Stufe
Die sieben Sendschreiben: Ephesus (Stadt der Blütendüfte); Erwachen zum Glauben an Gott, verbunden mit der Entscheidung, den Weg zu Gott mit Christus zu gehen.

Das ist die Voraussetzung für den Weg über sieben Stufen im *inneren Vorhof* (Hesekiel 40,26-27).
Die sieben Siegel: Das weiße Pferd mit Reiter. Er zieht aus, um zu siegen. Voller Zuversicht und Lebensfreude; Erwartung von Glück, Erfolg und Sieg im Kampf.
Die sieben Posaunen: Hagel, Feuer und Blut. Eine Geburt mit Körper, Geist und Seele. Eine Mitgift für alle, die auf die Erde kommen.
Die sieben Zornschalen: Die Schale auf das Land. Die Menschen zeigen Geschwüre. Ihre innere Qualität und ihren dunklen Gedanken werden offenbar.

1 und 4 zeigen den Anfang zu einem guten und zu einem bösen Weg.
2 und 3 zeigen die Chance für alle, die in diese Welt kommen.

Zweite Stufe
Sendschreiben: Smyrna (Opferrauch, Myrrhe); Verfolgung, Gefängnis und manchmal auch Märtyrertod für die jungen Gläubigen.
Siegel: Das rote Pferd und sein Reiter. Es gibt Krieg, viele sterben durch das Schwert. Der Frieden verschwindet.
Posaunen: Der brennende Berg. Große Begeisterung vieler Menschen, auf verschiedenen Gebieten. Sammlung vieler Energien der Lebenden, nach eigener Entscheidung.
Zornschalen: Es entsteht Blut wie von Toten; lebende Wesen im Meer (der Menschheit) sterben. Das Blut fließt nicht mehr; geistiges Leben stirbt.

1 und 2 zeigen Verfolgung und Krieg.
3 und 4 zeigen aufflammende und sterbende Begeisterung.

Dritte Stufe
Sendschreiben: Pergamus, Hochburg. Bewährung in ethischen Fragen. Zur Belohnung der neue Name im Himmel.
Siegel: Das schwarze Pferd und sein Reiter mit der Wage. Änderung der Lebenslinie durch Gerichte, Karmaprozesse.
Posaunen: Der Stern Wermut, Tod durch verdorbene Gewässer. Schwermut und Depressionen durch verlorenen

Glauben und Schuldgefühle.
Zornschalen: Die Schale auf Flüsse und Wasserquellen. Machtansprüche und Missbrauch geistlicher Fähigkeiten.

1 und 2 zeigen die verstärkte Erziehung zu ethischem Verhalten.
3 und 4 zeigen Versagen, Depression und Schuld.

Vierte Stufe
Sendschreiben: Thyatira (Zitadelle). Verfeinerte Ethik, Hurerei mit der Reinheit. Nicht alle haben hier schon die Tiefen des Satans erkannt.
Siegel: Das fahle Pferd, sein Reiter ist der Tod, der Herrscher des Totenreiches folgt ihm nach. Für alle, die Kriege und Verfolgungen überlebt haben, der Tod in allen Varianten wegen der auf 120 Jahre begrenzten Lebenszeit der Menschen.
Posaunen: Sonne, Mond und Sterne verfinstern sich zu einem Drittel – Tag und Nacht! Eigene Lebensziele zerbrechen, Liebe erkaltet, Glaube und Ideenreichtum stirbt ab.
Zornschalen: Die Schale wird auf die Sonne gegossen, die Menschen werden versengt und lästern Gott. Die reine Lehre Gottes wird nicht mehr ertragen; sie schreiben sich eigene Lehren.

1 und 3 zeigen die mangelnde Erkenntnis über die Tiefen des Satans.
2 und 4 zeigen Todesarten und Verlust des Glaubens.

Fünfte Stufe
Sendschreiben: Sardes, Schutzschild. Rückzug aus der Welt zum Zwecke der Heiligung. Jedoch werden die meisten noch einmal zurückgeschickt um Liebe zu üben. Nur einige wenige haben auf dieser Stufe ihren Lauf vollendet. Christus selbst bürgt für die.
Siegel: Märtyrer, die für den Glauben starben, an dem sie festhielten, bleiben im Himmel bei Gott. Sie schreien jedoch nach Rache und müssen ihre geistige Entwicklung nachholen.
Posaunen: Inkarnation von Menschen, die nicht töten dürfen (hauptsächlich Frauen). Sie können jedoch durch

Worte verletzen und kämpfen.
Zornschalen: Ausgießung auf den Thron des Tieres, dem geistigen Oberhaupt der dämonisierten Menschen. Sie tun jedoch nicht Buße.

1 und 3 zeigen sanftere Menschen, die in der Welt leiden und aus Mangel an Liebe zornig werden.
2 und 4 zeigen Märtyrer aus unterschiedlichen Glaubensrichtungen und den Kampf mit Dämonen.

Sechste Stufe
Sendschreiben: Philadelphia (Bruderliebe). Letzte Prüfung auf die Fähigkeit zu vergeben. Dann sind sie Pfeiler im Tempel Gottes.
Siegel: Tod der geistig nicht Erwachten und Ungläubigen (Berge, fallet über uns). Aufnahme im Himmel der voraus Erwählten und dann der Schar, die niemand zählen kann aus allen Völkern, die durch Christus gerecht wurden.
Posaunen: Inkarnation der Männer, die in Kriegen als Soldaten töten dürfen. Sie haben kurzfristig große Macht und richten großen Schaden an.
Zornschalen: Die Schale auf den Euphrat (Süßwasser). Unreine Geister sammeln sich zum Kampf. Die Heiligen werden aufgefordert, standhaft zu bleiben.

1 und 4 zeigen die schwersten Prüfungen für die Gläubigen in Liebe, Geduld und Vergebung.
2 und 3 zeigen die Ungläubigen nach ihrem Tode und während ihres Lebens auf der Erde.

Siebente Stufe
Sendschreiben: Laodicea (Volksrecht). Letzte Vereinigung mit Christus, wenn die Seele bereit ist. Dann Teil am Gericht des Christus und seiner Angehörigen.
Siegel: Eine halbe Stunde Stille im Himmel. Bezug zum siebenten Schöpfungstag, in welchem Gott die Schöpfung vollendete und zur Hälfte ruhte.
Posaunen: »Die Herrschaft über die Welt ist unserem Herrn und seinem Gesalbten zuteil geworden, und er wird herr-

schen in alle Ewigkeit.« Jubel und Lobpreis der Erlösten im Himmel. Die Bundeslade im Himmel wird sichtbar.

Zornschalen: »Und der Tempel wurde voll Rauch von der Herrlichkeit Gottes, und von seiner Macht, und niemand konnte in den Tempel hineingehen, bis die sieben Plagen der sieben Engel vollendet waren.« (Der Satan und seine Nachfolger werden aufgelöst im Feuersee. Offenbarung 20, Vers 10 und 14.)

Auf der siebenten Stufe wird einheitlich in allen vier Seiten die Vollendung erreicht. Das ist die Spitze unserer Pyramide. Um jedoch das ganze Gottesprogramm mit der Menschheit auf dieser Erde besser zu verstehen, sollten wir noch einiges näher betrachten.

In dem fortschreitenden Prozess vom ersten Erwachen zum Glauben bis hin zum Jubelfest der Erlösten im Himmel zeigt sich, dass die Schere zwischen Gut und Böse immer weiter auseinander geht, bis hin zur endgültigen Trennung auf der siebenten Stufe.

Im Anfang sind sie noch alle *fast gleich*. Erste Liebe zu Gott und Christus (1. Sendschreiben); sieghafter Auszug zum Lebenskampf (1. Siegel); ein neuer Körper vom Geist lebendig gemacht und mit einer Seele erfüllt (1. Posaune); erste Merkmale des Bösen an den Menschen, die ihren Weg mit Satan gehen (1. Zornschale). Hier ist noch nicht alles festgelegt. Die erste Liebe kann bei den Gläubigen wieder erkalten, der sieghafte Auszug in das Leben kann auf verschiedene Weise vorzeitig beendet werden; bei den neu geborenen Seelen ist noch alles offen, aber ihr Dasein kostet die Erde einen Verlust an Material (1. Posaune); die Menschen, die das Tier anbeten, zeigen Geschwüre, die Verfinsterung ihrer Gedanken wird äußerlich sichtbar (1. Zornschale).

Dann beginnt die Verfolgung der Gläubigen. Standhaftigkeit wird erforderlich (2. Sendscheiben), durch Kriege verlieren viele verfrüht ihr Leben (2. Siegel); Energien werden in oberflächliche Lebensziele investiert (2. Posaune); geistliche Ziele verkümmern und sterben ab (2. Zornschale).

Auf der dritten Stufe verstärkt sich die ethische Erziehung, der neue Name wird verliehen (3. Sendschreiben). Bei dem 3. Siegel erscheint der Reiter mit der Waage. Bei der 3. Posaune sorgt der Stern Wermut für Depression und Schuldgefühle; bei der 3. Zornschale werden geistige Lehrquellen verzerrt und eigenmächtig gebraucht.

Im 4. Sendschreiben wird der Satan immer noch nicht voll erkannt. Erneuerung von Denkformen wird nötig. Im 4. Siegel sterben schließlich alle, die Kriege überlebt haben im Alter oder auf unterschiedliche Weise. Die 4. Posaune zeigt, dass die eigenen Lebensziele zum Teil scheitern und in der 4. Zornschale zeigt sich, dass die Menschen die reine Lehre Gottes nicht mehr ertragen.

Die letzten drei Stufen spielen sich auf allen vier Siebenheiten in jenseitigen Räumen ab. Im 5. Sendschreiben dürfen einige Seelen schon im Himmel bleiben. Die meisten müssen noch Liebe üben. Im 5. Siegel sehen wir die Märtyrer, die zwar drüben bleiben dürfen, aber noch nach Rache schreien. In der 5. Posaune kommen die Frauen in die Welt; in der 5. Zornschale wird der Satan selbst betroffen und auf die Erde geworfen. Die ihm anhängen, leiden große Qualen, obwohl sie sich nicht von ihm abwenden, was hier immer noch möglich wäre.

Im 6. Sendschreiben kommt die letzte Prüfung zur Bruderliebe, dann ist ihr Lauf vollendet, sie sind im Himmel angekommen, der Name Gottes und des Christus steht an ihrer Stirn. Das 6. Siegel zeigt vielseitig die Ankunft in den Totenwelten bei den Ungläubigen, den voraus Erwählten und den Erlösten durch Christus aus allen Völkern. Die 6. Posaune bringt hauptsächlich die Geburten der Männer in die Welt und damit viel Leid durch Kriege; die 6. Zornschale vernichtet den Euphrat (Süßwasser); dieser Angriff gilt den Heiligen unmittelbar durch falsche Propheten und unreine Geister. Auch die Nachfolger Satans sind hier fertige Teufel und der Name *ihres Herrn* steht an ihrer Stirn. Sie können nun nicht mehr zurück und werden mit ihm in den Feuersee gehen.

Nun – in der siebenten Stufe auf allen vier Seiten – ist das Erlösungsprogramm Gottes für die Menschheit dieser Erde abgeschlossen. Die durch Christus Erlösten sind im Himmel und es darf gefeiert werden. Auch einige aus anderen Glaubensgemeinschaften werden dabei sein, wenn sie vor Gott als würdig befunden wurden. Die Prüfungen in Liebe, Vertrauen und Standhaftigkeit waren für alle gleich. Schließlich gab es Märtyrer für unterschiedliche Bekenntnisse, wie wir aus dem 5. Siegel wissen, und wer die Tiefen des Satans nicht erkannt hatte, wurde dafür nicht betraft. Hierzu das 4. Sendschreiben, Vers 24–25: *Euch aber, den Übrigen in Thyatira, die nicht (wie sie sagen) die Tiefen des Satans erkannt haben, euch sage ich: Ich lege keine andere Last auf euch, nur haltet fest, was ihr habt, bis ich komme.* Also die große Jubelschar im Himmel kommt aus allen Völkern.

Gott will, dass alle Menschen errettet werden. Aber die sieben Stufen zeigen uns deutlich, dass dies nicht so einfach ist. Einige wollen sich einfach nicht für Gott entscheiden und im Himmel gibt es mit Sicherheit nur Freiwillige! Gott braucht keine gutartigen Marionetten, was er leicht haben könnte. Er will Kinder, die ihm aus seiner Schöpfung in freier Entscheidung entgegen wachsen. Deshalb schließen wir die Betrachtung noch einmal mit Johannes 1,11 ab: *Er kam in sein Eigentum, aber die Seinen nahmen ihn nicht auf. So viele ihn aber aufnahmen, denen gab er Anrecht darauf, Gottes Kinder zu w e r d e n !*

Sieben Stufen abwärts

Die Karriere der Dämonen

Die sieben Stufen abwärts stehen im umgekehrten Verhältnis zur Entwicklung einer Seele vom Anfang des Glaubens an Gott bis zur Vollendung in Christus, wie sie in den sieben Sendschreiben von Christus an die Engel in der Offenbarung geschildert werden.

Sehr ähnlich sind die Bedingungen, die ein werdender Dämon seinem Herrn gegenüber erfüllen muss, nur eben mit umgekehrten Vorzeichen. Den sieben Stufen können wir sinngemäß folgende Titel geben: *Einübung, Standhaftigkeit, Bekenntnis, Ritual, Bewährung, Totalität, Vereinigung.*

Gehen wir sie also der Reihe nach durch und vergleichen sie jeweils mit den wesentlichen Merkmalen auf der weißen Leiter, die nach oben führt.

Einübung

Der Einfluss dunkler Kräfte beginnt schon früh in der Kindheit. Wir müssen uns klar machen, dass es das Ziel des Satans ist, zu zerstören und zu vernichten. Petrus warnt: *Der Teufel geht herum wie ein brüllender Löwe und sucht, wen er verschlingen kann.* (1. Petr. 5,8). Aber der Satan geht klug vor, ganz leise und kaum bemerkbar. Zunächst muss er das Gewissen aufweichen, durch Verführung zu kleinen lässlichen Sünden, die schnell heruntergespielt werden; und für die allzu liebevolle Erzieher eher Verständnis zeigen. Also kleine Lügen, kleine Diebstähle, Raufereien, böse Worte. Aber dann kommt kaum bemerkt der Übergang zu kleinen Grausamkeiten gegen Tiere und schwächere Kinder. Bei den etwas Älteren beginnen dann die Beschuldigungen anderer, das Abwälzen von Verantwortung, schließlich Verrat an Unschuldigen.

Dies ist nicht etwa ein Rest des eigenen Gewissens, sondern bereits ein schlaues Machtspiel der Überlegenheit von Hinterhältigkeit und falscher Rede. Wer hier angekommen ist, wird noch von keinem Jugendrichter verurteilt, sondern milde zur Ordnung gerufen. Der betreffende Jugendliche dient bereits dem großen dunklen Meister, den er nicht kennt und der sich ihm auch keineswegs offenbart. Er will seine Schüler ja gerade in Heimlichkeiten und Verschleierungen unterweisen, ein unbewusstes Lernen von kriminellem Verhalten, bei dem man leicht unbemerkt davonkommen kann. »Sich nicht erwischen lassen« ist hier die Devise. Das klare Gegenteil von Bekenntnis und Reue, die zu besserem Verhalten führt.

Und noch etwas gehört zur Kinderstube des Satans: Spott gegen Schwächere. Kaum eine andere Art von Bosheit wird so verharmlost und heruntergespielt wie die Spöttelei. Und doch ist sie die Wurzel von Mitleidslosigkeit, Verachtung, Erniedrigung und späterem Hass. Unter Kindern ist es besonders üblich, Angst zu verspotten. Redensarten wie »du traust dich ja doch nicht« feuern andere Kinder stets zu kleinen Gemeinheiten oder Risiken der Selbstverletzung an. Es ist schon auffallend, wie empfindlich Kinder darauf reagieren. Sie wollen ihre Ehre behalten, ihr Ansehen in den Augen der Kameraden. Und das geht weiter bis zum ersten Versuch mit Rauschgift, dem ersten geknackten Auto, dem ersten Einbruch, der ersten Vergewaltigung. Spott dieser Art hat nichts mit Humor und fröhlichem Lachen zu tun, obwohl er sich gern so darstellt.

Wer weiß schon, dass es im ersten Psalm heißt: *Ihr sollt nicht auf der Bank der Spötter sitzen.* Der erste Vers des ersten Psalms enthält drei wichtige Ratschläge, die jedem, der sie befolgt, viel Kummer ersparen würden: *Du sollst nicht im Rat der Gottlosen sitzen* – also Leute, die kein ethisches Gesetz respektieren, haben dir nichts zu sagen. *Du sollst nicht in den Pfaden der Sünder wandeln* – also nicht hinterher traben, wo andere dich hineinziehen wollen. Und drittens: *Nicht auf der Bank der Spötter sitzen!*

Dieser interessante Dreiklang ist eine hervorragende Schulung für jedes Kind und jeden Anfänger auf einem guten Wege. Der

Satan kann sich jedoch leider darauf verlassen, dass diese Ratschläge so gut wie niemand kennt oder gelehrt bekommt.

Wer also auf der dunklen Leiter diese erste Stufe nimmt, wird dies ganz unmerklich tun. So mancher landet dabei bereits in Erziehungsanstalten oder Jugendstrafanstalten, wo er bald wieder in die Freiheit entlassen wird. Hier wartet man bereits auf ihn, um ihn in die nächste Stufe einzuführen: Sowohl die Helfer auf der guten Seite, die ihm Bewährung geben wollen und ihn zu einem vernünftigen Menschen erziehen möchten, als auch die Lehrer der dunklen Seite, die sich immer noch nicht zu erkennen geben.

Betrachten wir jetzt einmal ganz kurz, was auf der ersten Stufe der weißen Leiter erreicht wurde (in der Offenbarung ist es die Stufe EPHESUS – Stadt des Blühens), auf dem Weg zu Gott an der Hand des Weltlehrers Christus: Bewährung in Liebe und Geduld, Unterscheidungsvermögen und Gerechtigkeit. Aber dann der Tadel: *Du hast die erste Liebe verlassen, tue die früheren Werke.* Also fange von vorn an, du bist gleichgültig geworden, zu lau für den weiteren Weg über die höheren Stufen. Und es gibt eine bedeutende Belohnung für alle, die diese Schulklasse mit Erfolg bestehen: Die Frucht vom Baum des Lebens, der im Paradiese Gottes steht. Das ist bereits ein Hinweis für ein Leben nach dem Tod in einer höheren Welt. Und diese Reise wird weitergehen – zunächst durch neue Leben mit Reinkarnationen.

Für die dunklen Seelen ist auch ein äonisches Leben garantiert. Erst am Ende gehen sie in den Feuersee zur letzten Vernichtung, gemeinsam mit dem Satan. Sie erwerben sich auf ihrer ersten Stufe aber kein Paradies nach dem irdischen Leben, sondern einen Anteil an der Hölle.

Standhaftigkeit

Wie sieht nun die zweite Stufe auf der dunklen Leiter aus? Wenn das Zurechtrücken bei den jugendlichen Straftätern (das gilt natürlich auch für Menschen in jedem Lebensalter, die gefallen sind) nicht funktioniert hat, wenn der dunkle Einfluss immer stärker wird, ist dies zunächst nur auf der Basis des Betrugs seitens des Satans möglich. Goethe hat dies in seinem Faust wunderbar herausgearbeitet. Auch der hoch gebildete Faust musste erst einmal verführt, beschenkt und betrogen werden. Dunkle Masken fallen nicht so schnell. Kein Mensch, der halbwegs bei Verstand ist, hat auf diesen ersten Stufen bereits den Wunsch, böse zu sein und zu zerstören. Jetzt auf der zweiten Stufe jedoch beginnt es. Wer im Gefängnis landet, ist solidarisch mit den anderen Straftätern. Wärter und Polizisten sowie Richter werden immer mehr die Feinde, die es zu bekämpfen und zu vernichten gilt. Hier kommt es schließlich auch zum Töten. Aber immer mit dem Alibi »Der andere ist der Feind«. Im Krieg, besonders in Religionskriegen, wird gefoltert und getötet mit durchaus ruhigem Gewissen. Es ist ja ein guter Kampf, der Feind muss besiegt werden, der Feind ist böse!

Zur Bewährung gehört aber auch, selber Folterungen durchzuhalten oder selbst getötet zu werden.

Die zweite Stufe auf der weißen Leiter befasst sich ebenfalls mit Gefängnis und Tötung. Sie heißt SMYRNA – (das bedeutet Weihrauch, zur Opferung). Wer hier bereits bewusst sein Leben für Gott hingibt, mit reinem Herzen, der gilt als Märtyrer. Es heißt dort: *Ihm wird durch den zweiten Tod kein Leid geschehen.* Wie man später an der fünften Stufe bei den sieben Siegeln in der Offenbarung erkennen kann, bleiben die Märtyrer im Himmel bei Gott. Sie sollen sich nicht mehr inkarnieren, sondern müssen mit viel Geduld ihre noch fehlende Charakterentwicklung drüben durchmachen. Also nicht mehr nach Rache schreien, sondern sich auf die Vollendung ihrer Brüder konzentrieren. Ein weiter Weg, aber notwendig für die höchste Läuterung.

Auch dunkle Seelen können als Märtyrer sterben, wie wir heute sehr gut wissen. Die Frage ist nur, ob sie wissen, welchem Geist sie damit dienen. Sie können immer noch Betrogene sein, denen man eine Belohnung im Paradies verspricht, selbst für eine abscheuliche und mörderische Tat. Gott allein kann ihnen ins Herz sehen und alle ihre Motive und Erkenntnisse bewerten. Ein wahrer Märtyrer wird jedoch für seinen Glauben, an dem er festhält (5. Siegel) getötet; er ermordet jedoch dabei nicht andere Menschen. Er ist Opfer, nicht Täter!

Bekenntnis

Wir bleiben zunächst bei den dunklen Seelen. Auf dieser dritten Stufe müssen sie sich selbst als böse Wesen erkennen. Es gibt ja bekennende Kriminelle, die keineswegs mehr resozialisiert werden wollen. Sie sind schon so weit mit Hass und Wut aufgeladen, dass eine Solidarisierung mit ethisch ausgerichteten Menschen nicht mehr möglich ist. Sie begreifen jetzt, wer ihr wahrer Herr ist. Sie beginnen ihn zu bewundern und anzubeten.

Noch sind sie sehr darauf aus, für dieses Bekenntnis zur schwarzen Seite auch belohnt zu werden. Vor allem mit Reichtum, jeder Art von Sex, Gesundheit und Schönheit und vor allem Macht über andere. Und so mancher macht hier seinen Aufstieg zum Diktator, wo er dann ungehindert anders Denkende verfolgt. Am Anfang steht immer ein Betrug, das ist ein Markenzeichen des Satans. Deshalb ist es auch so leicht, betrogen zu werden. Und in Zeiten eines solchen Diktators werden die Menschen auf der weißen Leiter oft selbst zu Märtyrern, weil sie standhaft durchhalten und er sie ausrotten und töten kann. Wir haben in der Geschichte der Menschheit viele von dieser Sorte gesehen und es gibt sie immer noch! Niemand ist dagegen gefeit, Opfer eines solchen Diktators zu werden. Selbst hoch entwickelte Völker mit hervorragender ethischer Erziehung haben plötzlich einen Hitler zum Führer, bevor sie überhaupt begreifen, wie das geschehen konnte. Niemand hat sich hingestellt und gesagt: »Kommt lasst uns böse sein, ein anderes Volk verdammen und vergasen und einen großen Krieg führen.« Das hätte nicht funktioniert.

Lesen wir hierzu einmal Johannes 8,44. In einem Gespräch mit Jesus berufen sich die Pharisäer darauf, dass Gott ihr Vater sei. Jesus korrigiert das sehr hart: *Ihr stammt vom Teufel als eurem Vater und wollt die Gelüste eures Vaters tun. Der war von Anfang an ein Menschenmörder, und stand nicht in der Wahrheit; denn die Wahrheit ist nicht in ihm.*

Auf der dritten Stufe der weißen Leiter, der Stufe PERGAMOS heißt es: *Weil du meinen Namen nicht verleugnet hast in den Tagen des Antipas, wo mein treuer Zeuge bei euch getötet wurde....*

Diejenigen, die sich nicht betrügen ließen, sondern standhaft blieben in der Verfolgung, konnten dabei den Tod finden. Aber sie werden reich entschädigt: Auf dieser Stufe gibt es den spirituellen Namen als Belohnung. Damit sind sie im Himmel im Buch des Lebens eingetragen. Davon hören wir später noch einmal.

Also beginnt hier auf der Abwärtsleiter auch das Bekennen zum Bösen. Von hier ab erkennen sie den Satan als ihren Herrn an und befolgen seine Befehle zu bösen Taten.

Ritual

Die vierte Stufe. Jede Religion, ob schwarz oder weiß, entwickelt Rituale und Bräuche, mit denen sie die Gläubigen zusammenruft und die Zugehörigkeit befestigt. Es gibt auch ein tief verwurzeltes Bedürfnis nach feierlichen Veranstaltungen, bei denen Namen und Ränge verteilt werden, Symbole für Einweihungen; Ernennung von Rechten als Lehrer und Priester.

Rituale der dunklen Seite beginnen mit recht kindlich anmutenden Veranstaltungen Jugendlicher, die sich gern einer Satanssekte zugehörig fühlen möchten. Sie gehen bei Neumond auf Friedhöfe, zünden dort schwarze Kerzen an und rufen: *Satan erscheine!* Ich glaube kaum, dass der Satan ihnen dabei den Gefallen tun wird zu erscheinen. Dennoch mag es ihm recht sein, dass diese Kinder sich solche Ziele setzen, weil sie ihm später nützliche Nachfolger werden könnten.

Diejenigen jedoch, die solche Veranstaltungen leiten, haben bereits eine gewisse Macht und großen Einfluss auf die jugendlichen Gemüter. Und sie verfügen bereits über magische Kräfte. Woodoo-Priester gehören ganz sicher in diese Gruppe, alle Medizinmänner, die sich nicht auf das oft verblüffende Heilen von Kranken beschränken, sondern ihre Macht auch durch Flüche und Unheil bestätigen. Die »frommen« Schauer der Satanisten sind eine Mischung aus Lust und Angst. Wobei sie sich an der Angst ihrer Opfer genauso erfreuen wie an ihrer eigenen. Masochisten und Sadisten wurden hier erzogen. Und jeder Psychologe weiß heutzutage, dass diese wahrhaft satanische Mischung süchtiger macht als Heroin. Obwohl der Genuss von Rauschgiften hier auch zum selbstverständlichen rituellen Beiwerk zählt.

Nicht von ungefähr ist es so unendlich schwer, Süchtige zurückzuholen in eine Welt, in der Lust sparsam dosiert wird und mit Pflichten und Verantwortungen für den Partner verbunden ist. Auf der dunklen Seite wird Lust pur ohne Reue versprochen. Das ist auch gar nicht einmal so falsch. Nur dass anstelle der ausbleibenden Reue der Verlust der eigenen Seele steht. Aber das wird nur auf der weißen Seite gepredigt. Und wer bereits ein bekennender Schüler Satans ist, wird sich kaum noch in eine Kirche mit Gottespriestern begeben.

Schon vor 3.500 Jahren gab es die ersten Warnungen Gottes vor diesen schwarzen Priestern. Lesen wir hierzu 5. Mos. 18, 9–12: *...du sollst dich nicht an die Gräuel jener Völker gewöhnen. Es soll in deiner Mitte keiner gefunden werden, der seinen Sohn oder seine Tochter durchs Feuer gehen lässt, kein Wahrsager, Zeichendeuter oder Schlangenbeschwörer oder Zauberer, kein Bannsprecher oder Geisterbeschwörer, keiner, der Wahrsagegeister befragt oder sich an die Toten wendet. Denn ein Gräuel ist dem Herrn ein jeder, der solches tut.*
  Wir haben hier einen ganzen Katalog von magischem Zauber, der Menschen leicht einfängt und betört. Angst und Neugier sind hier die Verführer. Aber auch die Sehnsucht nach übersinnlichen Erfahrungen, nach Macht und persönlicher Aufwertung gegenüber anderen Menschen.

Auf der weißen Leite haben wir hier die Stufe THYATIRA, wo die Inhaber dieser vierten Stufe bereits Lehrer oder Priester sind. Allerdings eingegrenzt auf ihre persönlichen Erkenntnisse. Es wird gerade hier betont, dass *nicht alle die Tiefen des Satans erkannt haben*. Man kann sie also immer noch betrügen und so kommt es dann zu den zweifelhaften Lehrsätzen wie »der Zweck heiligt die Mittel«. In bester Absicht kann hier etwas zugedeckt werden, was lieber aufgedeckt werden sollte. Die Belohnung für diese weiße Stufe ist hier der *Morgenstern*. Esoterisch ausgedrückt: Erweckung und Öffnung des Stirnchakras, die Fähigkeit zur Vision,

Hellsehen – in der Kraft der Liebe Christi, kurz gesagt Menschenkenntnis nach spirituellen Gesichtspunkten. Und Unterscheidungsvermögen gegenüber den dunklen Verführern.

Wenn wir versuchen uns vorzustellen, wie das auf der dunklen Seite aussehen mag, so denke ich da zuerst an das gegenseitige Erkennen der satanischen Menschen unter sich. Noch gibt es Solidarität unter ihnen, einen Rest Illusion von verdrehter Liebe und Zugehörigkeit, von gemeinsamen Zielen, auch in der Zerstörung. Jedoch werden sie noch lernen müssen, dass der Satan nicht fair ist und keine Dankbarkeit kennt. Er vernichtet am Ende seine Anhänger genauso wie die von ihm gehassten Nachfolger Christi oder andere Gottesanbeter.

Bewährung

Wenden wir uns nun der fünften Stufe zu, die auf der weißen Leiter SARDES heißt. Das bedeutet Schutzschild.

Wer hier angelangt ist und das gilt auch für Satansjünger, hat weltliche Versuchen und Wünsche schon hinter sich gelassen. Er ist nun bereits ein geistiges Wesen in den letzten Schritten der Bewährung.

Der Satansjünger hat seine Anfänge der Vernichtung des eigenen Gewissens längst überwunden. Er hat bereits Leben vernichtet, Seelen verführt, sich unermüdlich mit Hass auf Gott und seine gesamte Schöpfung aufgeladen. Er hält sich auch kaum noch auf der Bank der Spötter auf, die ist ihm längst zu klein geworden.

Ausgewachsener Hass braucht anderes Futter. Er braucht eine klare Konzentration auf seinen großen Meister und sein letztes Ziel: Die Vernichtung von allem, was geschaffen wurde. Es ist sozusagen die Stufe der Mönche, die sich zu den letzten Anstrengungen von der Welt zurückziehen. Hier kommt der Name Schutzschild gut ins Bild. Sie wollen keine Ablenkung mehr; sie haben mit den Spielereien der unwissenden Menschen nichts mehr zu tun, die Satansanbeter auf den Friedhöfen mit ihren romantischen negativen Schauern eingeschlossen. Auch ihre höhere Dienstzeit als Zauberer, schwarze Priester, Lehrer und Magier aller Art liegt hinter ihnen. Es geht um die letzte Vernichtung der Menschheit, so total und vollkommen wie möglich. Wenn die Inhaber dieser Stufe auf der dunklen Seite sterben, sind sie bereits reine Dämonen. Sie versuchen, nach ihrem eigenen Tode andere Seelen zu besetzen und so zu verderben.

Jesus hat auf dreifache Weise gewirkt: Er lehrte, heilte Kranke und trieb Dämonen aus. Lukas 11 gibt hier besondere Hinweise. Jesus treibt einen Dämon aus, der einen Menschen stumm gemacht hatte. Sobald der Geist ausgetrieben war, konnte der Mensch wieder sprechen. Es ist also keine Krankenheilung im üblichen Sinne, denn hier war ein persönlicher Verursacher vorhanden. Dann aber warnt Jesus vor Austreibungen in manchen Fällen (11, Vers 24–26): *Wenn der unreine Geist aus dem Menschen ausgefahren ist, durchzieht er wasserlose Orte und sucht eine Ruhestätte. Und findet er keine, so sagt er: Ich will in mein Haus zurückkehren, aus dem ich weggegangen bin. Und wenn er kommt, findet er es gesäubert und geschmückt. Dann geht er hin und nimmt sieben andere Geister mit, die schlimmer sind als er, und sie ziehen ein und wohnen dort, und es wird nachher mit jenem Menschen schlimmer als vorher.*

Diese Warnung muss Jesus sehr wichtig gewesen sein, denn schließlich erlaubt er seinen Jüngern, ebenfalls Austreibungen zu versuchen. Aber anders als bei einer Heilung ist der betroffene Mensch jetzt nicht gesund, sondern *er ist gereinigt!* Es gab aber eine Voraussetzung für die Dämonisierung am Anfang und die könnte wieder aufflammen. Das sind vor allem Charaktereigenschaften wie Geiz, Neid, Hass oder auch nur Neugier auf magischen Zauber und entsprechende Erfahrungen, vor denen so hart gewarnt wurde. Das ist für den Dämon eine Einladung, zurückzukommen. Der durch Austreibung gereinigte Mensch muss also sehr intensiv und lange betreut werden, bis er sich seines neuen Zustandes genau und dankbar bewusst geworden ist.

Interessant ist, dass die Inhaber der fünften Stufe Sardes auf der weißen Leiter sich in zwei Gruppen teilen. Die größere Gruppe wird noch einmal in die Welt zurückgeschickt, um ihre Werke zu vollenden und Liebe zu üben. Denn wer sich zu früh der eigenen Erleuchtung widmet und dabei das Erbarmen für andere vernachlässigt, der kann im Christuskörper die nächsten beiden Stufen nicht nehmen. Die kleinere Gruppe besteht aus einigen Wenigen, die hier schon ihren Lauf vollenden konnten und von Christus selbst Gott vorgestellt werden als solche, die es wert sind.

Also ist auf der schwarzen Leiter auch noch nicht jede Seele ein fertiger Teufel. Er kann auch zurückgeschickt werden, um jedes Mitleid für andere in sich abzutöten und sich nur noch der Vernichtung zu verschreiben. Aber darin liegt ganz verborgen noch eine allerletzte Chance für die dunkel gewordene Seele selbst.

Wenn es möglich ist, auf der weißen Leiter selbst auf der fünften Stufe zurückgeschickt zu werden und *den Namen zu verlieren*, mit dem sie im Buch des Himmels eingeschrieben waren, dann dürfen wir vermuten, dass auch ein tief gefallener Mensch hier seine letzte Chance hat, zurückzukehren und wieder aufzusteigen! Den Rest seiner guten Impulse kann er nützen, um sich vom Satan zu lösen und sich Gott anzuvertrauen. Der Aufstieg bis zur Ebene Null wird hart und mühsam sein. Aber er würde Hilfen bekommen, mehr als er erwartet. Denn auch seine Seele ist kostbar für Gott. Dann wird auch sein Name aus dem Buch der Anhänger Satans gelöscht.

Totalität

Hier sind wir auf der sechsten Stufe, die auf der weißen Leiter PHILADELPHIA heißt, das bedeutet *Bruderliebe*.

Wie absurd dies auf der schwarzen Leiter wäre, kann man schnell erkennen. Die Umkehrung ist eben die *Abwesenheit von jeglicher Bruderliebe*, auch zu den eigenen ehemaligen Schülern oder Kampfgenossen und auch zu sich selbst. Das Hauptgebot von Jesus *Liebe deinen Nächsten wie dich selbst* findet hier seine totale Auslöschung. Solange Seelen, die sich in der Nachfolge des Satans befinden, noch menschliche Neigungen haben, und sei es auch nur Eitelkeit und Selbstliebe, sind sie hier nicht willkommen. Sie müssen jeden, der ihnen einmal auch noch so nahe stand, von sich weisen und der Vernichtung preisgeben. Wer fähig ist, sich das überhaupt vorzustellen, müsste hier den ersten Schauer vor dem Satan, dem großen Gegenspieler des Christus, empfinden können. Und doch konnte er den Christus nicht besiegen. Denn dieser bestand alle drei Versuchungen in der Liebe zu den Menschen: Ihnen reichlich Brot zu geben, ihnen einen unwiderlegbaren Glaubensbeweis zu liefern und für alle Menschen die Bankrotterklärung auf jede Besserung abzugeben und den Satan als Herrn anzuerkennen.

Jesus sagte dreimal nein. Und er wusste, dass dies auch die Besiegelung seiner Kreuzigung war.

Wer von den schwarzen Nachfolgern nun auch diese Stufe besteht, ist *ein Geist der Hölle*. Ein von allem Irdischen entbundenes satanisches Wesen, dem nur noch die allerletzte Vereinigung mit seinem Herrn bevorsteht.

Auf der weißen Leiter dürfen die Nachfolger Christi jetzt im Himmel bleiben, wenn sie wollen. Sie müssen nicht mehr hinausgehen. Sie sind von dem Rad der Inkarnationen befreit, was den Anhängers Buddhas als höchstes Ziel gilt. Diese wollen im höchsten Geist aufgehen, und nicht mehr als Individuen existieren.

Bei Christus sieht das etwas anders aus: Hier bleibt die Individualität als himmlisches Wesen erhalten. Und die mögliche letzte Vereinigung mit Christus kann erreicht werden.

Vereinigung

Damit sind wir auf der *siebenten Stufe* angelangt: Sie heißt auf der weißen Leiter LAODICEA, das bedeutet *Volksrecht!* Ein Recht ist jedoch keine Bedingung. Aber es war natürlich von Anfang an das höchste Ziel.

Also kommt es auf der schwarzen Leiter hier zu der *Vereinigung der Nachfolger mit dem Satan*. Es ist dann kein Unterschied mehr zwischen ihnen und ihm, *sie sind ein Geist*. Und sie haben ein gemeinsames Schicksal: *Die Auflösung im Feuersee*, dem einzigen Feuer, welches Seelen vernichten kann. Feuer, wie wir es als viertes Element kennen, vernichtet nur physische Körper. Seelen sind Astralstoff und haben so oder so äonisches Leben. Sie können so leicht nicht sterben, vernichtet werden oder sich selbst vernichten.

Die Auflösung im Feuersee ist der letzte Gnadenakt im Himmel für Wesen, die den anderen Weg nicht gehen konnten – und später auch nicht mehr gehen wollten: Offenbarung 20, Vers 10: *Und der Teufel, der sie verführte, wurde in den See des Feuers und Schwefels geworfen.* Offb. 20, Vers 14–15: *Und der Tod und das Totenreich wurden in den Feuersee geworfen. Dies ist der zweite Tod, der Feuersee. Und wenn jemand nicht im Buch des Lebens aufgezeichnet wurde, so wurde er in den Feuersee geworfen.* 21, Vers 8: *Den Feiglingen aber, und den Ungläubigen und Befleckten und Mördern und Unzüchtigen und Zauberern und Götzendienern und allen Lügnern ist ihr Teil in dem See, der von Feuer und Schwefel brennt, und dies ist der zweite Tod.*

Aber bis zu dieser endgültigen Auflösung der satanischen Wesen ist noch eine Zeit gesetzt, in der sie wirken dürfen. Und wir leben mitten in dieser Zeit. Offenbarung 12, 7–9: *Und es entstand ein Krieg im Himmel, so dass Michael und seine Engel Krieg führten mit dem Drachen. Und der Drache führte Krieg und seine Engel; und sie vermochten nicht stand zu halten und eine Stätte für sie war im Himmel nicht mehr zu finden. Und geworfen wurde der große Drache, die alte Schlange, genannt der Teufel und der Satan, der den ganzen Erdkreis verführt, geworfen wurde er auf die Erde, und seine Engel wurden mit ihm geworfen.*

Wer diesen Krieg gewinnt, wissen wir auch. Jesus hat ihn schon gewonnen, als er die drei Versuchungen bestand und freiwillig die Kreuzigung auf sich nahm. Zu unserem Glück. Also lassen wir uns von den dunklen Mächten und ihren billigen Tricks nicht verführen. Lesen wir zum Abschluss den 1. Vers aus dem 91. Psalm im Original-Luthertext: *Wer unter dem Schirm des Höchsten sitzt und im Schatten des Allmächtigen bleibet, der spricht zu dem Herrn: Meine Zuversicht und meine Burg, mein Gott auf den ich hoffe.*

Wer diesen kleinen Vers beherzigt, ist absolut sicher auf seiner langen Pilgerfahrt. Er darf nur den Schutzschirm nicht verlassen. Das wäre sehr leichtsinnig und töricht, denn die Dämonen schlafen nicht. Sie sind aufmerksame Begleiter und unerkannte Mitreisende in unserem Leben. Sie erkennen jedes Schlupfloch und jede kleinste Tür in unserer Seele, wenn wir sie ihnen öffnen. Menschen wünschen sich so oft ein großes Abenteuer in ihrem Leben. Aber das größte Abenteuer übersehen sie dabei manchmal: das Ringen von hellen und dunklen Mächten um jede einzelne Seele. Bleiben wir also wachsam! Es ist spannend genug!

Es gibt noch einige Beispiele im Zusammenhang von Dämonen-Austreibungen durch Jesus, die sehr viel aussagen, z. B. Lukas 4, 41: *Es fuhren aber auch Dämonen von vielen aus, indem sie schrieen: Du bist der Sohn Gottes! Und er bedrohte sie und ließ sie nicht reden, weil sie wussten, dass er der Christus ist.*

Zu der Zeit wollte Jesus noch nicht seine wahre Identität preisgeben. Selbst als Petrus ihn als Christus erkannte (Matthäus 16,16), verbot er ihm, darüber zu sprechen. Es war der Samariterin am Brunnen vorbehalten, diesen Auftrag von ihm zu bekommen.

Die Dämonen erkannten ihn jedoch stets sofort. Sie waren ja schon Geister und sie fürchteten sich vor Jesus. In zwei anderen Beispielen riskieren Dämonen es sogar, ihn um etwas zu bitten. Im ersten Beispiel trieb Jesus sie aus von einem Menschen, der schon seit langem zwischen den Gräbern lebte, ausgestoßen aus seiner familiären Gemeinschaft. Als der Mensch Jesus sah, riefen die Dämonen aus ihm, Lukas 8, 28; 30–32: *Was habe ich mit dir zu schaffen, Jesus, du Sohn Gottes, des Höchsten?* Vers 30–32: *Und Jesus fragte ihn: Was ist dein Name? Er antwortete: Legion, denn viele Dämonen waren in ihn gefahren. Und sie baten ihn, er möchte ihnen nicht befehlen, in die Unterwelt zu fahren. Es war aber dort eine Herde von vielen Schweinen auf dem Berg zur Weide, und sie baten ihn, er möchte ihnen erlauben, in diese zu fahren. Und er erlaubte es ihnen.*

An dieser Stelle kann man gleich zwei wichtige Details erkennen: zunächst die Frage nach dem Namen. Ein Wesen ist erst richtig existent, wenn es sich seiner selbst bewusst ist, also einen Namen nennen kann. Und dieser Dämon, der sich aus vielen Dämonen zusammensetzte, nannte sich *Legion*. Zweitens erkannte er Jesus sofort und wusste, dass er ihm gehorchen musste. Deshalb riskierte er die Bitte, in die Schweine fahren zu dürfen anstatt in die Unterwelt. Er wollte einen oder mehrere neue physische Körper haben, nur als reiner Geist wollte er nicht leben, in der Unterwelt, wo er hingehörte.

Die Mehrfachbesetzung von Dämonen in einer Person hat noch ein zweites wichtiges Beispiel: Maria Magdalena, die, bevor sie Jesus traf, eine Prostituierte gewesen war. Lesen wir hierzu Lukas 8, 2: *... und die zwölf begleiteten ihn und einige Frauen, die von bösen Geistern und Krankheiten geheilt worden waren: Maria, genannt die aus Magdalena, aus der sieben Dämonen ausgefahren waren...*
Bei einer Prostituierten sollte man sich darüber nicht wundern. Denn Tag für Tag bietet sie Männern ihre Seele als Sammelbecken für niedrigste Instinkte an, und zwar von solchen Personen, die ohnehin ethisch nicht gefestigt sind. So kann ein Mensch durch falsche Lebensführung sich einen Dämon regelrecht erschaffen. Da es sich hier zunächst um das Sammeln und Vereinen vieler dunkler Seelenkräfte geht, mag es eine Weile dauern, bis der Dämon ein Eigenbewusstsein gewinnt und auf Anfrage einen Namen nennen könnte. Aber es kann geschehen. Weltweit geschieht täglich sehr viel auf diesem Gebiet und die ganze Menschheit muss es ausbaden. Denn wie es bei Goethe so schön heißt: *Geister, die man rief, wird man so schnell nicht los!*

Nachdem Maria Magdalena nun Jesus getroffen hatte und ihre Seele von ihm vollständig und endgültig gereinigt wurde, erhielt sie nach der Samariterin als zweite Frau von Christus den Auftrag, zu der Gemeinde nach Jerusalem zu gehen und zu verkünden, dass er auferstanden sei. Diese beiden wichtigsten Botschaften, dass er der Christus sei und dass er auferstanden war, vertraute Jesus jeweils einer Frau an.

In dem »Buch vom Jenseits« von Bo Yin Rá (Kober-Verlag, Bern), beschreibt der Autor ausführlich, wie eine Seele aus Tausenden von Seelenkräften zusammengesetzt wird. Sie ist ein

Organismus, komplizierter als der physische Körper. Im Laufe des Lebens werden neue Kräfte hinzugefügt, andere ausgeschieden. Die Qualität des Charakters und der Lebensführung des Menschen machen hier den Unterschied aus. Dies gilt natürlich für alle Seelen. Aber das Buch warnt auch davor, dunkle Geister unnötig zu rufen. Sei es aus Neugier, um Tote zu hören oder Wahrsager zu befragen (siehe 5. Mose, 18, 10–12).

Nun komme ich zu dem vierten Beispiel von Dämonen-Austreibung in der Bibel, diesmal nicht direkt durch Jesus, sondern in seinem Auftrag. Im Kapitel Lukas 10 wählte sich Jesus 70 Männer aus, die er in verschiedene Städte sandte. Und er bevollmächtigte sie, in seinem Namen zu predigen, zu heilen und Dämonen auszutreiben. Sie sind durchaus erfolgreich und kommen stolz zurück. Lesen wir weiter.

Lukas 10, 17–20: *Die Siebzig aber kehrten mit Freuden zurück und sagten: Herr, auch die Dämonen sind uns untertan Kraft deines Namens! Da sprach er zu ihnen: Ich sah den Satan wie einen Blitz vom Himmel fallen. Siehe, ich habe euch die Macht gegeben, auf Schlangen und Skorpione zu treten, und Macht über alle Gewalt des Feindes; und er wird euch keinen Schaden zufügen. Doch nicht darüber freut euch, dass die Geister euch untertan sind; freut euch vielmehr, dass eure Namen in den Himmeln aufgeschrieben sind.*

Ich kann mir gut vorstellen, dass Jesus erschrocken war, als er hörte, dass diese neuen Jünger stolz darauf waren, dass ihnen die Geister gehorchten. Für Menschen, die nie zuvor eine solche Macht besessen hatten, muss das ja auch überwältigend gewesen sein. Aber die Gefahr des Hochmuts und des Missbrauchs kündigt sich da schon an. Deshalb dämpft er sie behutsam ab: Freut euch lieber, dass eure Namen im Himmel aufgeschrieben sind. Das bedeutet, sie hatten mindestens die dritte Stufe, Pergamos, auf der eine Seele ihren himmlischen Namen auf einen weißen Stein geschrieben bekommt. Die Symbolik ist klar: Ein Stein ist etwas sehr Festes, und weiß bedeutet rein und neu, wie ein unbeschriebenes Blatt. Allerdings kann dieser Name auch noch einmal gelöscht werden, wie wir auf der fünften Stufe Sardes erfahren. Jeder Mensch, der Macht erlangt, kommt zugleich in die Gefahr der Überheblichkeit. Und es sind nicht zuletzt die Dämonen selbst, die vor der Tür lauern, um solche Gefahren in einer Seele zu ihren Gunsten aufzuspüren und auszunutzen.

Auch die Dämonen, die sich selbst mit einem Namen vorstellen können, haben bereits auf der schwarzen Leiter abwärts die dritte Stufe erreicht. Damit sind sie bereits Eigentum des Satans und seine willigen Diener. Sie haben selber die Macht, wie Skorpione den Menschen Schaden zuzufügen. Und sie weichen nicht freiwillig, es sei denn, dass jemand mit echter Vollmacht sie austreibt.

Wenn Unbefugte sich daran versuchen, Geister auszutreiben, kann das kläglich ausgehen. Hierzu gibt es eine hübsche Geschichte in der Bibel, Apostelgeschichte 19, 13–16: *Aber auch einige von den umherziehenden jüdischen Beschwörern unternahmen es, über denen, welche die bösen Geister hatten, den Namen des Herrn Jesus zu nennen mit den Worten: Ich beschwöre euch bei dem Jesus, den Paulus predigt. Es waren aber sieben Söhne eines gewissen Skeuas, eines jüdischen Hohenpriesters, die das taten. Der böse Geist jedoch antwortete und sagte zu ihnen: Jesus kenne ich, und von Paulus weiß ich; wer aber seid Ihr? Und der Mensch, in dem der böse Geist war, stürzte sich auf sie, überwältigte sie beide und ließ seine Kraft an ihnen aus, so dass sie nackt und verwundet aus jenem Hause entflohen.*
    Da hat es also eine ordentliche Tracht Prügel gesetzt. Hier sehen wir den Urirrtum aller Magier, die glauben, eine Formel, eine Wortkombination oder ein Name wäre schon eine Macht an sich. Es ist aber allein die Vollmacht des Geistes, die auf einem Menschen ruhen muss, der sich an solche Aufgaben heranwagt. Und dass man Dämonen nicht so leicht betrügen kann, haben wir schon früher gesehen. Sie wissen ganz genau, wer Jesus ist, besser als die meisten Menschen bis zum heutigen Tage.

Jedoch auch mit der Vollmacht von Jesus gelang eine Austreibung nicht immer. Im Kapitel 9 von Markus versuchen die Jünger, einen besessenen Knaben zu heilen, der offensichtlich ein besonders schwerer Fall war. Sie scheitern und bringen ihn dann zu Jesus, der den Dämon austreibt. Nun fragen sie natürlich.

Markus 9, 28: ... *Warum konnten wir ihn nicht austreiben? Da sprach er zu ihnen: Diese Art kann durch nichts ausgetrieben werden außer durch Gebet!* (Bei Matthäus heißt es: *durch Fasten und Beten...*)
Hier wird es noch einmal ganz deutlich: Es ist keine Magie, die man erlernt und dann einfach anwendet. Es kommt auf die Vollmacht des Austreibers an, auf den Zustand seiner eigenen Seele, die sich in schweren Fällen besonders vorbereiten muss, möglichst durch Fasten und Beten. An diesen Beispielen sehen wir, dass man Dämonen leichter herbeirufen kann als sie wieder loszuwerden.

In Mythologien wird oft davon berichtet, dass der Satan ursprünglich ein hoher Engel war, der Luzifer genannt wurde (was Lichtträger bedeutet) und der sich dann gegen Gott stellte und aus dem Himmel herausfiel. Auch ein Satz von Jesus gibt einen Hinweis darauf, Lukas 10,18: *Ich sah den Satan wie einen Blitz vom Himmel fallen.*

In der Offenbarung ist ebenfalls von Satansengeln die Rede. Den Namen Luzifer gibt es in der Bibel nicht. Wohl aber den Namen Lucius als Rufname für Menschen. Dieser Name bedeutet: »Am Tage geboren« (Apg. 13,1 und Röm. 16,21). Das würde ja auch passen, wenn der Satan ursprünglich ein Engel im Himmel war, bis er sich gegen Gott stellte und rausfiel. Seit diesem Fall ist er ein dunkles Wesen, das dunkelste, das es gibt. Da ihm von den Engeln auch viele folgten, getrieben von dem Wunsch nach eigener Macht, ist in der Offenbarung auch mehrfach von *Satansengeln oder Satansgefolge* die Rede. Sie alle werden nach Vollendung der Schöpfung und der Menschheit im Feuersee aufgelöst. Das ist der endgültige Verlust eines Bewusstseins, der Verlust der Seele. In diese Gefahr kommen auch alle die Menschen, die sich dem Satan anschließen. Sie werden langsam dunkler, zuerst unmerklich, dann unaufhaltsam.

Auf diesen Prozess nimmt die Offenbarung Bezug, wo alle seine Namen in einem Vers genannt werden.

Offb. 12,7–9: *Und es entstand ein Krieg im Himmel, sodass Michael und seine Engel Krieg führten mit dem Drachen. Und der Drache führte Krieg und seine Engel. Und sie vermochten nicht standzuhalten, und eine Stätte für sie war im Himmel nicht mehr zu finden.*
Und geworfen wurde der große Drache, die alte Schlange, genannt der Teufel und der Satan, der den ganzen Erdkreis verführt, geworfen wurde er auf die Erde, und seine Engel wurden mit ihm geworfen.

Die Wirkungszeit des Satans und seiner Dämonen auf Erden ist begrenzt. Wohl dem, der diese Kräfte erkennt und gleich wie Jesus sagt: *Hebe dich von mir!!!*

Um das Ganze besser zu verstehen, sollten wir noch einmal das Kapitel 13 aus der Offenbarung lesen und vergleichen. Das erste Tier steht für den Seelenkörper aus Menschenseelen auf der Erde (Gegenstück zum Christuskörper) und das zweite Tier ist der Satan selbst, der das Oberhaupt des ersten Tieres ist und es mit seiner Energie auflädt.

Die Entstehung des Glaubens

Durch Information, durch eigenes Erkennen, durch Offenbarung

Niemand kann etwas glauben, wovon er nie gehört hat. Gehen wir zunächst vom Glauben an Gott aus, so genügt ein Spaziergang in der Natur, sogar unser eigener Körper, um das Wirken der höchsten Intelligenz im Kosmos zu sehen. Und jeder Mensch ist fähig, sich Gedanken zu machen. In diesem Zusammenhang drückt das Paulus so aus, Römer 1, 19–20: *...weil das, was man von Gott erkennen kann, unter ihnen offenbar ist; denn Gott hat es ihnen offenbart. Sein unsichtbares Wesen, das ist seine ewige Kraft und Gottheit, ist ja seit Erschaffung der Welt, wenn man es in den Werken betrachtet, deutlich zu ersehen, damit sie keine Entschuldigung haben.*

Dennoch ist es nicht jedem Menschen möglich, an Gott zu glauben. Er wird jedoch von Gott nach seinem Glauben beurteilt. Hierzu Hebräer 4, 2: *...aber das Wort der Predigt half jenen nicht, weil es bei den Hörern nicht mit dem Glauben vereinigt war.* Hebräer 11,6: *Ohne Glauben aber ist es unmöglich IHM wohlzugefallen; denn wer sich Gott nahen will, muss glauben, dass ER ist.*

Wenn also alle Wunder der Schöpfung bei manchen Menschen nicht ausreichen, um Gottes Wirken zu erkennen und die Predigt von Gläubigen auch nichts nützt, haben sie von ihrem Privileg, ein geistbewusster Mensch zu sein, eben noch keinen Gebrauch gemacht. Denn es ist möglich, durch die Wunder der Schöpfung Gott zu erkennen.

Jesus drückt es aus in seinem Beispiel von der Saat des Wortes in der Bergpredigt, wo ein Teil auf die Steine, ein Teil unter die Dornen und ein Teil auf guten Boden fällt, Lukas, Kapitel 8, Vers 4–15.

Wie wir aus dem Buch Hiob (34, 29–30) wissen, bekommt jeder Mensch *zwei bis drei Anrührungen,* die ihn zur Erkenntnis Gottes bringen könnten. Natürlich kann er auch die verpassen, indem er nach kurzem Aufhorchen wieder in seine alte Gleichgültigkeit zurückfällt. Diese Anrührungen können Schicksalsschläge sein, Heilungen oder Lebensrettungen in gefährlichen Situationen, und ebenso Predigten, Schriften, Zeugnisse von anderen Menschen, die eine solche Anrührung erfahren haben. Die Bibel ist voller Geschichten solcher Anrührungen. Ich greife nur drei Beispiele heraus: Die Heilung des Syrers Naemann, 2. Könige, im Vers 15: *...Sieh, jetzt weiß ich, dass es keinen Gott gibt auf der ganzen Welt als in Israel...*

Nachdem er an Lepra erkrankt war und viele Irrtümer über die Möglichkeit einer Geistheilung überwinden musste, war er endlich gehorsam und befolgte die einfache Anweisung Elisas, sich sieben Mal im Jordan unterzutauchen. Seiner spontanen Heilung folgte eine unmittelbare Gotteserkenntnis.

Leider ist auch bei einer so dramatischen Anrührung der Glaube kein selbstverständliches Resultat. Sonst würde Gott wohl jeden Menschen leicht zum Glauben zwingen können. Aber der kleine eigene Schritt auf Gott zu ist die Voraussetzung für den Anfang der großen Wanderschaft, auf der jeder Mensch zunehmend mit Gotteserfahrungen belohnt wird.

Jesus wusste, dass keine Anrührung eine Garantie dafür wäre, dass ein Mensch Gott erkennen würde. Er selbst hatte Aussätzige geheilt und nur einer von zehn kam zurück um sich zu bedanken. Deshalb beruft er sich auf die Naemann-Geschichte und sagt, Lukas 4, 27: *Und viele Aussätzige waren in Israel zur Zeit des Propheten Elisas; und keiner von ihnen wurde rein, sondern nur der Syrer Naemann.*

Bis hierher haben Menschen zwar keine Entschuldigung, wenn sie blind durch die Schöpfung laufen und das Wirken Gottes einfach nicht erkennen wollen und selbst ihre zwei oder drei spirituellen Anrührungen im Leben durch Gleichgültigkeit verschlafen. Es bleibt jedoch noch eine letzte Möglichkeit, die dann wirklich unausweichlich zum Glauben führt: Nämlich eine unmittelbare göttliche Offenbarung. Diese stellt eine Ausnahme im großen Plan Gottes mit der Menschheit dar, da im Allgemeinen jedem Menschen die Freiheit erhalten bleibt, sich selbst zu entscheiden, wann er von sich aus aufwachen will. Hierzu gibt es einen sehr hübschen Vers im Hohen Lied Salomos, Hohelied, 3,5: *Ich beschwöre euch, Ihr Töchter Jerusalems, bei den Gazellen oder Hinden des Feldes; stört nicht auf, weckt die Liebe nicht, bis es ihr gefällt.*

Hier geht es um das Aufwecken einer Liebe, und genau darum geht es bei dem Erwachen zum Glauben an Gott auch. Und jeder weiß, dass man Liebe nicht erzwingen kann und es auch nicht versuchen sollte. Wenn wir nun also zu der unausweichlichen Erweckung durch direkte Offenbarung kommen, hat Gott dafür einen besonderen Grund. Dann geht es um viel mehr als nur um den Einzelnen, der sie empfängt.

Hiob in seiner schweren Leidenszeit war bereits gläubig, geriet jedoch in den Konflikt der Zweifel. Er schmachtete nach Erklärungen und einer Offenbarung. Er bekam sie jedoch erst, als er den endgültigen Glaubensschritt auf Gott zu getan hatte, Hiob 42, 2: *Ich habe erkannt, dass du alles vermagst; nichts, was du sinnst, ist dir verwehrt.*

Wie wir weiter lesen können, wurde Hiob nach diesem Bekenntnis wieder völlig gesund und reich belohnt für seine Standhaftigkeit. Seine Offenbarung erhielt er durch eine Rede von Gott selbst an ihn.

Nun kommen wir zu Offenbarungen über Gott und den kommenden Christus, der im alten Testament Messias genannt wird. Zunächst durch die der Propheten. Beispiele:

Jesaja 40, 31: *…die auf den Herrn harren, empfangen immer neue Kraft, dass ihnen Schwingen wachsen wie Adlern, dass sie laufen und nicht ermatten, dass sie wandeln und nicht müde werden.*

Jesaja 41, 13: *…denn ich, der Herr, bin dein Gott, der deine Rechte fasst, der zu dir spricht: Fürchte dich nicht, ich helfe dir.*

Jesaja 43, 10–11: *…vor mir ist kein Gott gewesen, und nach mir wird keiner sein.*

Jesaja 9,6: *Denn ein Kind ist uns geboren, ein Sohn ist uns gegeben, und die Herrschaft kommt auf seine Schulter, und er wird genannt: Wunderrat, starker Gott, Ewigvater, Friedefürst.*

Nachdem diese Prophezeiung Jesajas rund 750 Jahre vor Christi Geburt endlich erfüllt war, kam es darauf an, wer ihn als CHRISTUS erkennen würde. In einem Volk, welches seit rund 2000 Jahren von Gott erzogen wurde, sollte es eigentlich genügend Gläubige geben, denen dieses Erkennen möglich war. Die Erwartung auf das Kommen des Messias war groß und wurde regelmäßig erneuert und rituell gepflegt. Aber Rituale verstellen auch manchmal die Sicht auf die Realität. Sie können zum Selbstzweck kirchlicher Gebräuche werden und darüber das Wesentliche nicht mehr wahrnehmen lassen. Hinzu kam, dass Israel zur Zeit Christi Geburt unter römischer Fremdherrschaft und militärischen Besatzungstruppen litt. Alle Gerichte wurden von Römern ausgeübt; die römischen Soldaten vollstreckten die Urteile. Das Volk war eingeschüchtert und sehr verzweifelt. Sie erwarteten zwar einen Friedefürst, jedoch sollte der Frieden schlagartig mit seiner Geburt beginnen. Durch diesen Irrtum erkannten sie ihn nicht, bis auf die wenigen Personen, denen eben eine Offenbarung Gottes zuteil wurde.

Hierzu sagte Paulus, der die Lage sehr wohl erkannte, 2. Korinther 3,14: *Aber ihre Gedanken wurden verstockt. Denn bis zum heutigen Tage bleibt dieselbe Decke auf der Vorlesung des alten Testaments, und sie wird nicht aufgedeckt, weil sie nur in Christus abgetan wird; sondern bis heute liegt, so oft Mose vorgelesen wird, eine Decke auf ihrem Herzen; sobald es sich jedoch zum Herrn bekehrt, wird die Decke weggenommen. Der Herr aber ist Geist; wo aber der Geist des Herrn ist, da ist Freiheit.*

Nun sind wir also im neuen Testament, und da ist es schon interessant zu untersuchen, wer Jesus als CHRISTUS erkannte und wodurch.
    Das sind zunächst die HEILIGEN DREI KÖNIGE. Sie kennen die Sterne und bemerken eine außerordentliche Konstellation. Dann forschen sie in den Schriften, ob hierfür Prophezeiungen vorliegen.

Und sie werden fündig. Bei Micha finden sie sogar den Hinweis auf den Geburtsort Bethlehem. Sie erkennen es also aufgrund von Wissen und Studium. Eine direkte Offenbarung ist es nicht, deshalb müssen sie sich noch nach dem Weg durchfragen.

Dann wird das Kind geboren und die Hirten auf dem Felde bekommen eine Offenbarung durch Engel.

Die Zeichen, die ihnen gegeben werden, sind ziemlich genau. So ist zum Beispiel ein Kind in einer Krippe kein alltäglicher Anblick, sondern eine Ausnahme.

Die erste Person, die Jesus direkt erkennt, ist DER ALTE SIMEON im Tempel, als das Kind von den Eltern zur Beschneidung gebracht wird. Er hatte schon vorher eine Offenbarung durch den heiligen Geist empfangen, dass er nicht sterben würde, bevor er den Gesalbten des Herrn gesehen hätte (Lukas 2,26). Als er dann das Kind sieht, nimmt er es auf die Arme und spricht die prophetischen Worte, Lukas 2, 29–32: *Jetzt lässt du deinen Knecht, o Herr, nach deinem Wort in Frieden dahingehen; denn meine Augen haben dein Heil gesehen, das du im Angesicht aller Völker bereitet hast, ein Licht zur Erleuchtung der Heiden und zur Verherrlichung deines Volkes Israel.*

Der nächste, der Jesus als Christus erkennt, ist JOHANNES DER TÄUFER, der selbst die verheißene Reinkarnation des Propheten Elia ist (Matthäus 11,13–14). Als Jesus zu ihm zur Taufe an den Jordan kommt, bezeugt er, Johannes 1, 32: *Ich habe den Geist wie eine Taube aus dem Himmel herabschweben sehen, und er blieb auf ihm. Und ich kannte ihn nicht: aber der mich sandte, mit Wasser zu taufen, der sprach zu mir: Auf wen du den Geist herabschweben und auf ihm bleiben siehst, der ist's, der mit heiligem Geist tauft. Und ich habe es gesehen und bezeugt, dass dieser der Sohn Gottes ist.*

Nun geht Jesus seine drei Jahre als Weltlehrer im Land herum, lehrt, tut Wunder, heilt Kranke, treibt Dämonen aus und erweckt sogar Tote. Viele sehen und hören ihn. Aber wer erkennt in ihm den Christus und wem offenbart er sich? Er testet zunächst seine Jünger, Matthäus 16, 13–17: *Als aber Jesus in die Gegend von Cäsarea Philippi gekommen war, fragte er seine Jünger: Für wen halten die Leute den Sohn des Menschen? Da sagten sie: Etliche für Johannes den Täufer, andere für Elia, noch andere für Jeremia oder einen der Propheten. Er sagte zu ihnen: Ihr aber, für wen haltet ihr mich? Da antwortete Simon Petrus und sprach: Du bist der Christus, der Sohn des lebendigen Gottes. Jesus aber antwortete und sprach zu ihm: Selig bist du Simon, der Sohn des Jona, denn Fleisch und Blut hat dir das nicht geoffenbart, sondern mein Vater in den Himmeln.*

Dieses Kapitel ist gleich mehrfach interessant. Zunächst die Spekulationen des Volkes über Jesus. Sie denken klar in Reinkarnationen aller möglichen Propheten des alten Testaments. Aber auch der noch lebende Johannes der Täufer kommt ihnen in den Sinn, denn sie hatten weder Zeitungen noch Fotos, nur Erzählungen von anderen Menschen und die Schriften im Tempel, aus denen ihnen vorgelesen wurde. Dann kommt die Antwort von PETRUS, der als einziger Jünger in ihm den CHRISTUS erkennt. Jesus bestätigt sofort, dass er hier eine Offenbarung von Gott erhielt, denn Informationen reichen hierzu nicht aus.

Dieses Problem geht weiter durch die Zeit. Wir stehen heute von der gleichen Frage und der gleichen Prüfung unseres Glaubens. Der Versuch, durch Rituale Erkenntnisse zu programmieren, ersetzt nicht die innere Erkenntnis. Jeder Mensch wird für sich selbst und zu seiner Zeit diese Schallmauer durchbrechen müssen.

Kommen wir nun zu dem sehr interessanten Fall, wo sich Jesus selbst als Christus offenbart. Und zwar in der Geschichte mit der Samariterin am Brunnen im Kapitel 4 des Johannes-Evangeliums. Eine für die Bibel außergewöhnlich lange Geschichte von Vers 1–41. Die Samariter waren ein Nachbarvolk Israels. In heidnischem Glauben beteten sie zu verschiedenen Göttern. Die Israelis durften mit ihnen keine Gemeinschaft pflegen.

Die Samariter waren eine Art Modell für alle Völker, die nichts von dem lebendigen Schöpfergott, den himmlischen Welten, einem Leben nach dem Tode und dem Christus wussten. Jesus hatte schon einmal in einem Gleichnis den barmherzigen Samariter hervorgehoben, der ohne Rücksicht auf eigene Gefahr einem überfallenen und verwundeten Menschen gründliche Hilfe bot. Er zeigte damit klar, dass ihm ein barmherziger Unwissender lieber war als ein Gelehrter, der sich feige verdrückte ohne zu helfen.

Nun also trifft er die Samariterin am Brunnen, bittet sie um Wasser und erzählt ihr von dem lebendigen Wasser, welches er selbst zu geben hat. Es entspinnt sich ein bizarrer Dialog zwischen höchster geistlicher Belehrung und an die Materie gebundene Missverständnisse der Samariterin. Aber sie gibt nicht auf. Sie folgt in unschuldiger Unwissenheit seinen für sie unverständlichen Vergleichen, die nicht allein für sie, sondern für alle unwissenden Völker gesagt wurden.

Dann erweist sich, dass sie – obwohl Samariterin – gehört hatte, dass die Israeliten auf einen Messias warteten, Joh. 4, 25: *Die Frau sagt zu ihm: Ich weiß, dass der Messias kommt, der der Christus genannt wird; wenn dieser kommt, wird er uns alles kundmachen. Jesus sagt zu ihr: Ich bin's, der ich mit dir rede.*

Mehr als mancher Mensch unserer Tage, Juden eingeschlossen, erwartete diese heidnische Frau von dem kommenden Christus erleuchtende Erklärungen. Sie hatte seine Offenbarung verdient. Diese Geschichte betrifft jeden Menschen, die Wissenden und die Unwissenden gleichermaßen. Jesus sendet sie nun in die Stadt zu ihren Leuten, wo sie das verkünden darf, was sie von ihm gehört hat. So wird sie zur ersten Missionarin im Auftrag des Christus, noch vor den Aposteln und in einem Volk außerhalb Israels. Die Bedeutung dieser Geschichte kann man kaum hoch genug einschätzen.

Nun gibt es zu Lebzeiten von Jesus nur noch einen, der erkennt wer er ist. Es ist die tragischste Form der Erkenntnis, nämlich bei dem hohen Priester Israels KAIPHAS (oder Kajaphas), der Jesus anklagte und den Römern auslieferte. Wie hätte er sonst sagen können, Johannes 11, 48–53: *... Ihr wisst nichts; so auch bedenkt ihr nicht, dass es für euch besser ist, wenn E i n Mensch für das Volk stirbt und nicht das ganze Volk umkommt. Dies sagte er aber nicht von sich aus, sondern weil er Hoher Priester jenes Jahres war, weissagte er. Denn Jesus sollte für das Volk sterben, und nicht nur für das Volk allein, sondern damit er auch die unter den Völkern verstreuten Kinder Gottes in eins zusammenbrächte. Von jenem Tage an beratschlagten sie nun, ihn zu töten.*

In diesem Vers steckt das ganze Evangelium für alle Völker. Das wird noch unterstrichen durch die Geschichte mit der Samariterin am Brunnen und später durch den römischen Hauptmann Cornelius in der Apostelgeschichte 10,24: *Da tat Petrus den Mund auf und sprach: In Wahrheit werde ich inne, dass Gott nicht die Person ansieht, sondern dass in jedem Volk, wer ihn fürchtet und Gerechtigkeit übt, ihm willkommen ist.*

Wer also hatte nun JESUS direkt als CHRISTUS erkannt? SIMEON, JOHANNES DER TÄUFER, PETRUS, KAIPHAS.

In allen vier Fällen wird diese Erkenntnis als göttliche Offenbarung oder Weissagung bestätigt.

Es folgen die Ostergeschichte, die Kreuzigung und die Auferstehung. Und nun die Überraschung: Selbst die nächsten Vertrauten von Jesus, seine Mutter und Maria Magdalena, auch zwei Jünger – erkannten ihn nicht.

Jetzt beginnt – für sie und für alle späteren Nachfolger – die hohe Schule des geistigen Erkennens. Im Johannes 20, 15 hält Maria Magdalena ihn gar für den Gärtner; in Lukas 24, 16 heißt es über zwei Jünger, dass ihre Augen gehalten wurden, *damit sie ihn nicht erkannten;* im Markus 16, 12 steht: *Darnach aber offenbarte er sich in anderer Gestalt.*

Hier wird noch einmal deutlich, dass es ein Unterschied ist, ob man einen Menschen kennt oder auch erkennt, welchem Geist er angehört, wer er wirklich ist, über seinen Tod hinaus.

Propheten haben die zweifelhaft erfreuliche Gabe, dunkle Ereignisse vorauszusehen, ohne sie ändern zu können. So konnte der Prophet Sacharja, rund 500 Jahre vor Christus, den Schmerz des zu späten Erkennens so ausdrücken, Sacharja, 12, 10: *... und sie werden hinschauen auf ihn, den sie durchbohrt haben, und um ihn klagen, wie man klagt um das einzige Kind und bitterlich um ihn weinen, wie man weint über den Tod des Erstgeborenen.*

Aber auch dieser Schmerz ist nicht das Ende aller Tage. In der Bibel kommt in der Offenbarung alles zu einem guten Ende und alle Irrtümer lösen sich auf. Schließen wir also unsere Erkenntnisreise mit zwei Beispielen aus der Offenbarung ab.

Kapitel 5,14: *Dem, der auf dem Throne sitzt und dem Lamm*

gebührt das Lob und die Ehre und Der Ruhm und die Macht in alle Ewigkeit.
Kapitel 7,17: Denn das Lamm, das mitten vor dem Throne steht, wird sie weiden und sie zu Wasserquellen des ewigen Lebens leiten; und Gott wird abwischen alle Tränen von ihren Augen.

Aber da war noch jemand! Noch jemand hat außer den genannten vier Menschen Jesus als den Christus erkannt. Das war jedoch kein Mensch, sondern Dämonen, die zwei Menschen besetzt hatten. Sie erkannten ihn von weitem, Matthäus 8, 28–32: *Und als er ans jenseitige Ufer in die Landschaft der Gadarener gekommen war, begegneten ihn, von den Grüften kommend, zwei Besessene, die sehr bösartig waren, sodass niemand auf jenem Weg vorbeigehen konnte. Und siehe, sie erhoben ein Geschrei und sagten: Was haben wir mit dir zu schaffen, du Sohn Gottes? Bist du hierher gekommen, um uns vor der Zeit zu peinigen? Es war aber fern von ihnen eine Herde Schweine zur Weide. Da baten ihn die Dämonen: Wenn du uns austreibst, so schicke uns in die Schweineherde. Und er sprach zu ihnen: Fahret hin. Sie aber fuhren aus und fuhren in die Schweine.*

Das ist schon bemerkenswert! Ein ganzes Volk, welches seit 2000 Jahren zu einem Leben mit Gott erzogen worden war und auch ständig auf das Erscheinen des Messias wartete, konnte nur vier Menschen aufbieten, die ihn erkannten. Die Dämonen hatten da jedoch keine Schwierigkeiten. Sie wussten sofort, wer er war. Sie wussten aber auch, dass ihre Zeit zu gehen noch nicht gekommen war. Darauf beriefen sie sich und wagten sogar eine Bitte. Sie wollten nach der Austreibung aus den beiden Menschen in die Schweine fahren. Und Jesus erlaubt es ihnen, weil auch er den göttlichen Plan und seine Ordnungen kannte und respektierte.

Diese Geschichte ist sehr wichtig. Da erhebt sich doch die Frage: Was war denn mit den Menschen, die von diesen Dämonen besessen waren? Hatten sie die gleiche Erkenntnis, schon auf Anhieb und von Ferne? Die Dämonen bewohnten schließlich ihre Körper und hatten ihre eigene Seele schon verdrängt. Sie konnten sie sogar zu besonders bösartigen Handlungen gebrauchen.

Ich würde sagen: Ja. Sie teilten die Erkenntnis der Dämonen, aber auch ihr Wissen um den künftigen Feuersee, der nach Ablauf ihrer Frist ihr endgültiges Schicksal sein würde. Diese Erkenntnis kam keiner Erleuchtung gleich, mit der sie sich Christus als Nachfolger hätten anschließen können. Und sie reichte auch nicht aus, um sich aus eigener Kraft von den Dämonen zu befreien. Dazu brauchten sie die Hilfe von Jesus. Und die Dämonen wussten sofort, dass ihnen diese Austreibung bevorstehen würde.

In einem Besessenen denkt und handelt nur der Dämon, der in ihm wohnt. Der Besessene ist verdrängt und fast schon eins mit dem Dämon und er muss befreit werden. Er wird wohl mindestens im Unterbewusstsein wissen (wie in einem dunklen Traum), wozu sein Körper missbraucht wird. Also wird er die Furcht und den Respekt der Dämonen vor Christus irgendwie wahrnehmen.

Der Apostel Jakobus erkannte das auch und drückte es in seinem Brief so aus, Jacobus 2, 19: *Du glaubst, dass es nur einen Gott gibt. Du tust wohl daran. Auch die Dämonen glauben es und zittern...*

An dieser Geschichte erkennen wir die überirdische Vollmacht von Jesus schon zu seinen Lebzeiten, und seine einzigartige Bedeutung in der Geschichte der Menschheit. Nicht umsonst zählt unsere Zeitrechnung vom Jahr seiner Geburt an. Es war ein Meilenstein in der ganzen Schöpfung.

Wir aber halten uns an die letzte große Einladung, welche an die ganze Menschheit geht, in allen Zeiten und so lange die Erde steht (1. Mose, Kapitel 8, Vers 22): *Solange die Erde steht, soll nicht aufhören Saat und Ernte, Frost und Hitze, Sommer und Winter, Tag und Nacht.* Damit wurden alle Voraussetzungen für Leben von Menschen auf dieser Erde genannt.

Aber nun Offenbarung 22, Vers 17: *Und der Geist und die Braut sprechen komm! Und wer es hört, der sage: Komm! Und wer dürstet, der komme; wer will, der nehme das Wasser des Lebens umsonst!*

Da es ja im Himmel nur Freiwillige gibt, ist ein geistiger Durst, eine Sehnsucht nach Gott, die Voraussetzung, um die Einladung zu hören und zu befolgen. Im gleichen Augenblick wenden diese Erwachten sich anderen zu und geben die Einladung weiter. Millionen Menschen in vielen Generationen seit Christi Geburt wurden schon erreicht. Und die Zeit ist noch offen. Viele werden noch hinzukommen. Freuen wir uns auf sie. Jede einzelne Seele ist kostbar.

Schlusswort

Der dritte Brief an die Leser

Liebe Freunde,

die Offenbarung Christi (die ihm Gott gegeben hat) fasst noch einmal die ganze Bibel zusammen; sie enthält das Programm Gottes mit der Menschheit auf dem Planeten Erde, solange die Erde steht (1. Mose 8,22, der Vertrag Gottes mit Noah).
 Sie ist wie ein Diamant, von härtester Dichte und zugleich durchsichtig leuchtend und von höchster Reinheit. Sie ist wahrhaftig ein Wunder, welches durch die Zeit läuft und jede neue Generation der Menschheit neu begleitet.

Die Bibeltexte wurden der Zürcher Bibel (1907–1931) entnommen, mit der ich hauptsächlich arbeite. In den seltenen Fällen, wo die Lutherbibel in den Formulierungen stark abweicht und spirituell genauer ist, habe ich vergleichend darauf hingewiesen. Dazu habe ich die Lutherbibel von 1912 zugrunde gelegt.

Im Anschluss an die Offenbarung gibt es drei weitere Teile, die das Ganze noch einmal intensiv betrachten. Das Pyramidenprinzip der Bibel soll ein Werkzeug sein, vier Seiten vergleichend anzuschauen, wo immer uns eine Vierheit entgegen tritt. Die sieben Stufen abwärts zeigen die Gefahren für den Bewusstseinszustand jedes einzelnen Menschen. Und schließlich soll uns die Entstehung des Glaubens an Gott und Christus vor Augen führen, welches gewaltige Erbe jede Generation zu behüten und weiter zu reichen hat.

Ich danke jedem Einzelnen von euch für die gemeinsamen Stunden bei dieser Arbeit – sei es in den Seminaren oder durch das Lesen der Schriften. So bekamen wir einen Einblick in das Leben in einer Gemeinde, wie es sich durch die Jahrhunderte fortsetzte, teils in Kirchen, teils in kleinen Gemeinschaften, in einer persönlichen Freundschaft innerhalb der Familie – oder auch nur zu einem einzigen Freund. Die Verbindungen, die durch eine gemeinsame spirituelle Arbeit entstehen, sind unendlich kostbar. So sammeln wir uns die Schätze im Himmel, die weder Rost noch Motten fressen (Matthäus 6,20), inmitten einer Welt, wo viele ihre Energien für die Jagd nach materiellen Gütern aufreiben.

Ich bin nun dabei, einen zweiten Teil zusammenzustellen. Dabei geht es um die Evolution der Körper und die Involution der Seelen (Schöpfungsgeschichte und Paradies-Legende). Dann betrachten wir die Ordnung Melchisedeks im Hebräerbrief, Kapitel 7 und schließlich dieGeisttaufe und die damit verbundenen Geistesgaben als die Hochzeitsgeschenke des Christus an seine »Braut«, den Millionen-Seelen-Körper seiner Nachfolger, der durch die Zeiten hindurch gesammelt wurde, bis sie endlich alle im himmlischen Abschlussfest gemeinsam feiern können.

Also, meine lieben Freunde – auf Wiedersehen in einem der nächsten Seminare – oder auf Wiederlesen bei der nächsten Zusammenstellung. Für diesmal seid herzlich gegrüßt und mit Liebe verabschiedet

von eurer Freundin
Edith Krispien

ZUSCHRIFTEN

AUS DEM KREIS DER SEMINARTEILNEHMER

Anastasia Poctz: Liebe Edith, auf der Suche nach dem Wunderbaren bin ich dir begegnet. Du hast mir den Zugang zur Bibel schmackhaft gemacht und durch deinen Humor ist es für mich immer wieder spannend, ja prickelnd, an deinen Seminaren teilzunehmen. Mit deiner wunderbaren Geistesgabe, die Bibel auslegen zu können, begleitest du uns auf dem Weg zu Gott. Das vorliegende Buch ist für mich ein Geschenk auf meinem Weg. Ich freue mich darüber, dass mit diesem Buch viele Menschen angeregt, begeistert und begleitet werden können (Korinther 3,17: *Der Herr ist der Geist; wo aber der Geist des Herrn ist, da ist Freiheit*).

Anastasia

Barbara Prakesch: Beim Rückblick durch meine Aufzeichnungen über unsere Arbeit (der letzten fünf Jahre) ist mir klar geworden, was auf mich den größten Eindruck gemacht hat: dass wir auf dem Weg mit Christus Gottes Kind w e r d e n können.(Johannes 1,12). Bei der Arbeit mit der Offenbarung hat mich das sechste Schreiben – Philadelphia, stark berührt. Ich habe aber auch durch den Austausch mit den anderen Teilnehmern der Gruppe und natürlich durch unsere Lehrerin Edith Krispien viel gelernt. Sie hat uns den Zugang zu diesem schwierigen Text geöffnet.

Barbara

Gerda Kunisch: Auf dem Weg zu Gott begegnete mir Edith Krispien und mein Leben hat sich vollkommen verändert. Seit über zehn Jahren arbeiten wir nun gemeinsam in unserem Haus mit der Bibel. Es ist die reinste und klarste Lehre, die ich je erfahren durfte. Durch diese Arbeit mit Edith bin ich Gott ganz nahe gekommen. Auch die durch unsere Arbeit entstandenen tiefen Freundschaften könnte ich nicht mehr aus meinem Leben streichen. Gemeinsam gehen wir nun an der Hand von Jesus Christus den Weg zu unserem Vater. Von ganzen Herzen danke ich Gott, dass ich Edith Krispien, meiner liebsten Freundin und geistigen Schwester, begegnen durfte.

Gerda

Karl Kunisch: Vor etwa zehn Jahren hat Gott unsere Wege gekreuzt. Auf Lanzarote hast du bei mir die Liebe zu Gott und Christus geweckt und einen anderen Menschen aus mir gemacht. Von da an hat sich mein Leben positiv entwickelt. In unserem neuen Eigenheim hatten wir Platz für einen schönen Seminarraum. Ich bin voller Stolz, dass du einmal im Monat bei uns zu Gast bist, um gemeinsam mit unserer Gruppe mit der Bibel zu arbeiten. Nach diesen Jahren mit vielen schönen Seminaren und Reisen mit dir und der Gruppe, von denen viele liebe Freunde wurden, kann ich mir heute ein Leben ohne deine Arbeit nicht mehr vorstellen. ich danke dir in tiefer Freundschaft, dass du mich Gott näher gebracht hast.

Karl

Wolfgang Maiworm: Edith Krispien hat mehrfach in unserem Zentrum auf Lanzarote und im Johanniterhof in Villingen/Schwarzwald ihre Erkenntnisse und Analogien zu den Aussagen im Heiligen Buch vermittelt. Die Teilnehmer waren jeweils gebannt, wie schlüssig sich das biblische Geschehen in unseren heutigen Alltag und zum Wohle der Menschen und zur Ehre des Höchsten in ein erfülltes Leben übertragen lässt.

Wolfgang

Manfried und Marianne Fischer: Über viele Jahre hinweg war für uns die Offenbarung eben das sprichwörtliche Buch mit den sieben Siegeln. Es war so ziemlich das Gegenteil von Offenbarung, so dass wir dadurch auch die Aussagekraft der ganzen Bibel in Frage gestellt sahen. Erst durch die Seminare mit Edith Krispien fanden wir wieder Zugang und Freude am Buch der Bücher. Aufgrund ihrer lebenslangen meditativen Beschäftigung mit der Bibel konnte sie unsere Fragen beantworten, die Symbole deuten und die Siegel öffnen.

Manfried und Marianne

Margit Bohnenkamp: Früher war das Gottvertrauen das wichtigste Lebensfundament, das den Menschen hielt und ihm Sicherheit gab. Heute sind viele auf dem Egotrip, ringen um Selbstvertrauen und hegen großes Misstrauen gegen die Welt. Mir persönlich wurden Hilfe und innere Zuversicht zuteil durch die Arbeit mit Edith Krispien und den vielen Gleichgesinnten und spirituell Suchenden in ihren Seminargruppen. Mit außerordentlicher Sprachbegabung, Realitätssinn und Humor kann sie selbst die anspruchsvollsten und verschlüsselten Bibeltexte durchdringen und jeden individuell zu eigenem Sehen und Klarheit führen. Ihre Sensibilität, tiefe Menschlichkeit und das Licht ihrer Glaubensgewissheit strahlen auch durch die Seiten ihres jüngsten Buches.

Margo